Edwy Plenel

La sauvegarde du peuple

Presse, liberté et démocratie

La Découverte

Composition : Facompo à Lisieux
Conception graphique de la couverture : Valérie Gautier
Dépôt légal : mars 2020

Si vous désirez être tenu régulièrement informé de nos parutions, il vous suffit de vous abonner à notre lettre d'information sur notre site

www.editionsladecouverte.fr

ISBN 978-2-348-05584-3

« Les amis de la vérité sont ceux qui la cherchent, et non ceux qui se vantent de l'avoir trouvée. »

CONDORCET,
Des conventions nationales, 1791

La phrase de Bailly

Ce livre est une enquête. Une enquête sur une phrase. Une phrase perdue.

Elle fut énoncée à Paris le 13 août 1789 par Jean-Sylvain Bailly, nom aujourd'hui oublié. À l'époque, c'était une célébrité, savant reconnu et respecté, triplement académicien, personnage de transition entre l'Ancien Régime et la Révolution. Au lendemain de la prise la Bastille, le 15 juillet, il avait été proclamé maire de la Commune de Paris, le premier dans l'histoire de la capitale. Les semaines qui précédaient, il avait eu le temps d'être le premier président du tiers état, puis, à ce titre, le premier président de l'Assemblée nationale. Quand soufflent les révolutions, les vies vont plus vite.

C'est lui qu'un dessin de David, en vue d'un tableau jamais achevé qui devait reconstituer ce moment historique du 20 juin 1789, montre au centre de la salle du Jeu de paume de Versailles, lisant, debout sur une table, le serment qui sera l'acte fondateur de la souveraineté populaire en France. Ce texte énonçait que « partout où ses membres sont réunis, là est l'Assemblée nationale », dont tous les députés « prêteront à l'instant serment solennel de ne jamais se séparer et de se rassembler partout où les circonstances l'exigeront ».

« La publicité est la sauvegarde du peuple », affirmait cette phrase dont le souvenir s'est perdu. Autrement dit, tout ce qui est d'intérêt public doit être rendu public : tout ce qui concerne le sort du peuple, tout ce qui est fait en son nom, tout ce qui relève de sa volonté, tout ce qui ressort du bien commun. Lancée à la face du monde et au-delà de l'époque, cette injonction nous vient d'un temps où tout était jeune, prometteur et enthousiaste. N'ayant pas encore été saisi par la marchandise, le mot de publicité y désignait non seulement ce qui est d'un usage public mais ce qui appartient au public.

Autrement dit, si le peuple est souverain, les actes de ses élus, de ses représentants, de ses mandants, de ses gouvernants, de ses fonctionnaires, de tous ceux qui agissent en son nom mais aussi de toutes les organisations et de tous les individus qui interviennent dans l'espace public lui appartiennent. L'exercice de sa souveraineté, sa sauvegarde, sa protection, son bonheur exigent, en conséquence, la recherche active de la publicité sur tous ces agissements, afin qu'il puisse lui-même en tirer enseignement et profit, les apprécier, les discuter, les corriger et, si besoin, les dénoncer.

À peine proclamée, cette sentence devint populaire. Elle fut l'emblème de la liberté de la presse naissante, dans le bouillonnement des premiers mois d'une Révolution qui fut aussi une révolution du journalisme. À l'automne 1789, elle ne figurait pas seulement en exergue de journaux mais aussi sur les médailles de bronze attribuées aux colporteurs de presse, où elle entoure le symbole de la vigilance démocratique : un œil grand ouvert d'où partent des rayons de lumière. On la retrouvera même, plus tard, sur les médaillons des huissiers de la « maison commune », l'hôtel de ville de Paris.

Or, bien qu'elle fût la première expression, dans une formulation résolument moderne, d'un droit fondamental plus que jamais actuel – le droit de savoir contre l'opacité des pouvoirs –, cette phrase décisive est oubliée par l'histoire française, par son récit historiographique comme par sa mythologie politique. La seule occurrence que je connaisse est, au détour de son *Histoire des médias*, chez Jean-Noël Jeanneney, universitaire et ministre qui fut président de la Mission du bicentenaire de la Révolution, en 1989. Mais, sans référence précise, elle est fautive, évoquant une « publicité *de la vie politique* » qui, nous le verrons, n'existe pas dans la formule originale.

C'est néanmoins cette mention qui m'a mis sur la piste et incité à en trouver l'origine. En historien amateur, j'ai dès lors voulu remonter jusqu'à sa source, curieux de connaître les circonstances de cette ancienne énonciation qui entrait si fortement en résonance avec mes engagements professionnels de toujours et les révélations journalistiques de Mediapart, cette aventure collective que je tiens pour l'accomplissement de ma vie. Ces mots de 1789 me semblaient comme un étendard qu'il nous revenait de brandir, à la manière d'une troupe qui se doit de relever un drapeau tombé sur le champ de bataille.

Ils brillaient comme un souvenir à l'instant du péril : un mot d'ordre face à l'adversité croissante rencontrée, à travers le monde, par les chercheurs de vérités qui dérangent, journalistes d'enquête et lanceurs d'alerte. Comment, à l'énoncé de cette « publicité » comme « sauvegarde du peuple », ne pas penser, notamment, au sort funeste qui est fait à Julian Assange, à Chelsea Manning et à Edward Snowden, héros universels persécutés pour y avoir été fidèles ? Activistes d'une révolution, numérique ou digitale selon les appellations, qui n'est pas seulement technologique mais plus essentiellement civilisationnelle, ils n'ont pourtant fait qu'en appliquer les préceptes, rendant aux peuples du monde des informations qui leur appartenaient, quitte à mettre en péril leur liberté.

Ma quête ne fut pas sans difficultés ni obstacles. Car l'absence totale d'évocation de la proclamation de Bailly dans les histoires canoniques de la Révolution française pouvait faire douter de son authenticité. Ni Jules Michelet, ni Jean Jaurès, ni Albert Mathiez, ni Albert Soboul, ni François Furet – pour ne citer que les grands disparus, mais c'est aussi le cas dans la riche production de la nouvelle génération d'historiens – ne mentionnent la phrase ni n'évoquent sa fortune rapide.

Avant de finalement, grâce à l'aide précieuse de jeunes historiennes, dénicher son origine précise, dont on découvrira qu'elle n'est pas sans pertinence pour notre présent d'avidité marchande et de spéculation financière, j'ai même cru qu'ayant spontanément surgi dans le tourbillon révolutionnaire elle n'avait pas d'auteur véritable ni de contexte particulier. « L'amour-propre du peuple a plus d'esprit que nous », avait d'ailleurs prévenu Saint-Just, dans un discours aux Jacobins du 22 octobre 1792, dans cette langue audacieuse propre aux périodes révolutionnaires, où la poésie vient réenchanter la politique. Lequel Saint-Just avait eu aussi, en 1793, ces mots terribles dont l'excès momentané fera toujours écho aux révoltes logiques, face à des pouvoirs injustes ou illégitimes : « Tous les arts ont produit des merveilles ; l'art de gouverner n'a produit que des monstres. »

En menant cette recherche, j'ai voulu comprendre quel était l'esprit que nous avions perdu en oubliant la phrase de Bailly. Quelle merveille avait été égarée et à l'avantage de quels monstres ? N'était-ce pas le témoignage de l'effacement durable d'une promesse initiale de radicalité démocratique, dont nous payons encore le prix, au bénéfice d'une culture étatique dominatrice, verticale et autoritaire, qui infiltre tous les partis ? Cette autocensure mémorielle ne serait-elle pas l'indice d'un renoncement essentiel, butte-témoin de ce moment où les appétits de pouvoir – le conquérir, l'occuper, le garder, le renforcer –, aiguisés par les ambitions des professionnels et des aventuriers de la politique qui la confisquent à leur seul profit, l'ont emporté sur la vitalité de la société, son autonomie et sa légitimité, sa délibération et son pluralisme, son auto-organisation et ses contre-pouvoirs ?

Enquête sur un oubli, ses mystères et ses détours, ses rebonds et ses éclipses, ce livre est donc une réflexion sur la dimension prophétique de la proclamation de Bailly, bien au-delà des frontières françaises et de nos débats hexagonaux. C'est ainsi que, chemin faisant, nous tenterons de comprendre pourquoi une ville de Belgique, Verviers, en a gardé la trace, affichant fièrement, depuis 1830, au fronton de son hôtel de ville cette devise : « Publicité sauvegarde du peuple ». Ce qui nous amènera à découvrir une Déclaration des droits de l'homme injustement méconnue, alors que certaines de ses formulations dépassent en audace sa grande sœur française.

Surtout, en côtoyant les interactions intellectuelles qui, bien plus qu'on ne le reconnaît d'ordinaire en France, ont entremêlé révolution parlementaire britannique, révolution indépendantiste américaine et révolution républicaine française, nous tirerons ce fil d'une liberté aussi fondamentale que fragile, tant elle est durablement plus protectrice que le droit de voter et de choisir ses représentants : le droit de savoir et de dire, de s'informer et de s'exprimer, indissociable des droits de réunion, de pétition et de manifestation. C'est en ce sens que les combats contemporains des journalistes d'enquête et des lanceurs d'alerte, face à des pouvoirs arc-boutés sur les privilèges du secret et prompts à diffuser des fausses nouvelles, illustrent la portée toujours révolutionnaire de cette proclamation démocratique, plus de deux siècles après son énoncé.

En exhumant cette phrase, je n'ai pas seulement voulu la réhabiliter. J'ai surtout voulu dire son actualité. Ce livre n'est pas la visite d'un monument, témoin d'un passé révolu, mais la découverte d'un trésor, promesse d'un futur inédit.

1.

Les yeux du peuple

Un samedi de novembre 2019, des manifestants de ce mouvement populaire français, inclassable et inlassable, qui, depuis une année, avait pris pour emblème protecteur un gilet jaune, d'alerte et de secours, ont fait tomber une publicité. C'était à Bordeaux, ville où le préfet de police qui, par la suite, s'est distingué à Paris par ses consignes de violences policières fit ses premières armes répressives. Occupant toute une immense bâche qui cachait l'échafaudage d'un immeuble en travaux, elle vantait un symbole de notre modernité de connexion et de relation : une marque asiatique de téléphone portable. L'ayant décrochée, ces activistes ont suspendu, en lieu et place et sur un format plus réduit, une banderole où l'on pouvait lire ceci : « Ceux qui ont crevé les yeux du peuple lui reprochent d'être aveugle. » Avec cette signature : « John Milton, 1642. »

Fin 2019, on comptait en France pas moins de vingt-cinq éborgnés du fait des forces de police en une seule année : vingt-cinq manifestantes et manifestants pacifiques ayant perdu un œil, le plus souvent à cause d'un tir de « lanceur de balles de défense » (LBD), une arme dite « sublétale » qui, en fait, équivaut à une arme de guerre. Ses projectiles sont lancés à plus de 90 mètres par seconde (soit 324 km/h), avec une force d'impact de 200 joules à quelques mètres, ce qui revient à recevoir un parpaing de plus de 20 kilogrammes lâché d'une hauteur d'un mètre.

Ces LBD ne sont pas les seules armes guerrières utilisées sans états d'âme dans le supposé « maintien de l'ordre » français. Il faut y ajouter les diverses grenades dites défensives dont l'impact est, hélas, tout ce qu'il y a de plus offensif pour les manifestants : grenades lacrymogènes, assourdissantes ou de désencerclement, dont certaines contiennent, parmi leurs composants, une charge explosive de TNT pouvant projeter des fragments métalliques ou des palets de caoutchouc dur, capables de provoquer des blessures irréparables.

Depuis 2018, l'expression en France d'un droit fondamental – celui de manifester, de se regrouper pour défiler, de s'organiser pour contester, de protester en marchant dans la rue – s'est heurtée, de façon systématique, à un usage disproportionné, illégitime et illégal de ces armes. Ordonnée et encouragée par le pouvoir en place, cette répression ne créait pas de l'ordre mais du chaos. Jamais ce pays qui se revendique comme celui des droits de l'homme – ou du moins de leur Déclaration, énoncée le 26 août 1789 – n'avait connu, hors de ses moments d'éclipse démocratique, un tel déchaînement de violence policière contre son propre peuple.

Outre au moins deux décès, le bilan, sidérant, de ce déferlement répressif sur une seule année, où l'on a compté plus de 10 000 arrestations et plus de 2 000 condamnations de manifestants, fut de plus de 4 000 blessés, dont 400 le furent gravement. Des gueules cassées, des visages défigurés, des yeux perdus donc, mais aussi des mains ou des pieds arrachés, des membres fracassés, des traumatismes crâniens, des hémorragies cérébrales, des séquelles neurologiques, des handicaps permanents…

Toutes les démocraties connaissent des épisodes de « bavures » policières, mot qui tend à souligner l'exception ou la rareté de ces erreurs ou de ces fautes. Le plus souvent, ces drames ont pour théâtre les quartiers populaires et pour victimes la jeunesse multiculturelle qui y vit, issue des diverses migrations et des minorités racisées. La nouveauté française sous la présidence d'Emmanuel Macron fut la généralisation de ces violences illégitimes face à toute remise en cause venue du mouvement de la société.

De la révolte spontanée des Gilets jaunes aux mobilisations des organisations syndicales représentatives, en passant par les manifestations de la jeunesse pour l'urgence climatique, aucune contestation ne fut à l'abri. Dès lors, tout un peuple, tout un pays est concerné. L'exception est devenue la règle. À tel point que, désormais, la France gouvernementale ignore dédaigneusement, comme n'importe quel régime autoritaire, les mises en garde des défenseurs des droits humains les plus officiels, de son propre Défenseur des droits, qui a demandé en vain la suspension de l'usage du LBD, à la haut-commissaire des Nations unies aux droits de l'homme, qui s'est émue d'un « usage excessif » de la force.

Les protestataires acrobates de Bordeaux visaient juste : cette répression est l'affirmation d'un pouvoir convaincu de posséder la lumière face à un peuple plongé dans les ténèbres. La phrase qu'ils ont exhumée redouble le symbole : qu'importent des yeux perdus puisque ce peuple est déjà aveugle, incapable de trouver son chemin par lui-même. En vérité, ce sont les lumières dont ces puissants revendiquent le monopole qui les aveuglent eux-mêmes quand, en revanche, la colère du peuple ne cesse de dévoiler leur imposture.

« Ne parlez pas de "répression" ou de "violences policières", ces mots sont inacceptables dans un État de droit », s'énerva ainsi, un jour de 2019, le président de la République française. Ce faisant, il dévoilait sa perte de foi en la démocratie, l'État de droit n'étant plus à ses yeux que le droit absolu de l'État et non pas le droit de s'opposer aux abus de l'État en les révélant et en les démontrant.

En niant ainsi l'évidente réalité, largement documentée et reconnue, de la répression qu'il avait appelée de ses vœux face à un peuple assimilé à une « foule haineuse », il démontra de plus que le mensonge augmente en proportion du recul de la culture démocratique. Autrement dit, que la vérité est un enjeu politique. Mensonge et répression étaient ici les deux faces d'une même politique d'humiliation et de négation de celles et ceux qui, prenant au sérieux leur condition de citoyens, sont sortis de leur isolement et de leur solitude, faisant chemin les uns vers les autres pour s'assembler aux ronds-points des causes communes de l'égalité. À l'instar de tous les soulèvements qui, depuis une décennie sur tous les continents, ébranlent d'autres pouvoirs ayant, à des degrés divers, confisqué ou piétiné la volonté populaire.

Ces temps-là sont de révolution, nom commun, quels qu'en soient l'issue et le contexte, de ces moments rares où les peuples décident de faire valoir leur souveraineté. Dès lors, les pouvoirs qui les en ont dépossédés paniquent, avec la dangerosité de bêtes blessées. Sauf à reconnaître leur larcin, ils n'ont d'autre choix que de fuir le réel, en ne distinguant plus le vrai du faux et en diffusant dans la société cette perte de repères, à la manière d'un épais brouillard leur permettant de s'échapper et de se sauver.

« Nous avons une presse qui ne cherche plus la vérité », n'avait pas hésité à déclarer le chef de l'État français, dès juillet 2018, en se mettant en avant comme bouclier des turpitudes de ses propres collaborateurs. Le contraste entre la protection et l'indulgence dont bénéficient délinquance étatique ou corruption économique et la répression constamment exigée et assumée face aux mouvements sociaux, jusqu'à banaliser des violences policières sans précédent, suffit à dire combien il s'agissait d'une antiphrase, celle d'un pouvoir qui craint la vérité au point de la nier.

Le propre des pouvoirs saisis par le vertige autoritaire est que le mensonge leur devient une seconde nature. Au régime du coup d'État permanent, ils ajoutent l'usage permanent du faux. Plus de raison commune, plus de vérité partagée, plus de réel maîtrisé, seule compte l'affirmation qui confortera le pouvoir, fût-elle sans véracité aucune. Il ne s'agit plus seulement de mentir pour dissimuler, mais de mentir pour effacer. « La différence entre le mensonge traditionnel et le mensonge moderne revient le plus souvent à la différence entre cacher et détruire », notait dès 1967 la philosophe Hannah Arendt, dans *Vérité et politique*.

Dans *Du mensonge en politique* qui lui fait suite, en 1969, elle soulignait le rôle néfaste pour la démocratie de ces « spécialistes de la solution des problèmes » qui s'immiscent au cœur de l'État en étant « persuadés que la politique n'est qu'une variété des relations publiques ». Dans une mise en garde anticipatrice, Arendt remarquait combien ces conseillers, communicants et autres *spin doctors*, experts manœuvriers et stratèges cyniques, « ont quelque chose en commun avec les menteurs purs et simples : ils s'efforcent de se débarrasser des faits et sont persuadés que la chose est possible parce qu'il s'agit de réalités contingentes ».

C'est ainsi que des pouvoirs deviennent incendiaires, dans une vieille acception de ce mot qui qualifie, selon les dictionnaires, ce « qui est propre à échauffer les esprits, à inciter à la révolte ou à la sédition ». Devenus dangereux pour la concorde et la paix civiles, ils ajoutent la violence symbolique des mensonges, du déni de réalité, aux violences bien réelles, effectives et tangibles, d'une répression transgressive, sans trop de frein ni de précaution, qui chauffe à blanc leur pays au lieu d'en chercher l'apaisement.

Ceux qui défileront avec les Gilets jaunes seront « complices du pire », déclara un jour Emmanuel Macron. La formule pouvait aisément lui être retournée : est complice du pire un pouvoir qui, pour perdurer, ruine toute éthique démocratique, ment à répétition, violente les libertés, disqualifie son propre peuple, calomnie ses oppositions, assume son indifférence à l'injustice, pousse à la faute les forces de l'ordre, ne dit mot des manifestants gravement blessés, incite aux condamnations expéditives, n'a jamais une parole de compassion ou d'empathie…

Il faut donc sauver la vérité, et c'est une bataille. Sous toutes latitudes, de Santiago à Hongkong en passant par Le Caire, Alger ou Paris, les soulèvements populaires qui rythment notre époque de transition l'ont menée avec cet outil moderne que vantait la publicité détrônée à Bordeaux : un *smartphone*, autrement dit un téléphone intelligent capable de capter, photographier, filmer, enregistrer, transmettre, communiquer, alerter, prévenir, documenter, archiver, prouver.

Comme la Renaissance il y a cinq siècles, notre crise de civilisation est un combat au sein même de ses grandes inventions et découvertes. Serviront-elles à nous émanciper, à mieux défendre nos droits et à inventer de nouvelles libertés ? Ou bien renforceront-elles les dominations existantes, les abus des pouvoirs étatiques et les prévarications des oligarchies économiques ?

Vidéos virales contre reconnaissances faciales, signalements citoyens contre indifférences judiciaires, alertes participatives contre dénis policiers, mobilisations numériques contre fichages clandestins, réseaux sociaux contre propagandes médiatiques, fuites massives de données d'intérêt public contre d'illégitimes secrets de défense ou d'affaires, etc. : notre révolution industrielle, technologique et communicationnelle est le champ où se livre cette bataille démocratique.

L'affirmation du droit de regard du peuple s'y exprime en droit de savoir tout ce qui le concerne, c'est-à-dire tout ce qui relève de l'intérêt général : l'enjeu est de mettre à nu et à découvert un pouvoir qui, sinon, nous échappe et nous domine. Dans le camp d'en face, ceux qui détiennent le pouvoir ou qui en profitent voudraient que seul le peuple soit transparent – fiché, surveillé, fliqué, repéré, espionné – tandis qu'eux-mêmes se dérobent à son regard, barricadés dans un secret qu'ils ne cessent de revendiquer et de renforcer.

En affichant le symbole des yeux crevés, la banderole bordelaise retournait donc la blessure en réquisitoire, transformant l'œil perdu en lucidité accrue. Car ce déchaînement de violence a rendu visible l'injustice foncière d'un pouvoir qui aveugle son peuple tout en le prétendant aveugle, ce peuple qu'il dépossède de son destin en choisissant à sa place le chemin qu'il doit prendre – en vérité, qu'il lui impose.

C'est cette victoire morale que déclinaient, avec l'inventivité moqueuse et sérieuse des temps de chambardement, les formules inscrites au dos des gilets jaunes, affiches itinérantes remplaçant les placards muraux d'hier : « J'ai ouvert les yeux ! Et vous ? », « Borgne to be free », « On arrête pas l'histoire avec des flashball », « La France va bien, ça crève les yeux », « Liberté, Égalité, Flashball », « Mieux vaut être en garde à vue que d'être au garde à vous », « Si tu ne partages pas la lutte, tu partages la défaite », « Ceux qui rendent une révolution pacifique impossible rendront une révolution violente inévitable », « La liberté sans l'égalité, ce n'est rien », « Un gilet jaune, au moins, ça réfléchit ! », etc.

Façon de dire : même éborgné, le peuple vous regarde sans ciller. Or cette affirmation est une réminiscence. L'œil du peuple fut en effet au cœur de l'imaginaire et de l'imagerie révolutionnaires après 1789. Souvent au centre d'un triangle, figure géométrique porteuse d'un principe de stabilité, ou prolongé par des rayons de lumière, comme s'il était le soleil de la galaxie démocratique, on en croise partout le dessin, sur des affiches placardées, dans les en-têtes de journaux, sur toutes sortes d'artefacts artisanaux. L'œil fut alors le symbole d'une souveraineté du peuple active, d'un droit de regard garantissant la liberté de délibérer et de choisir.

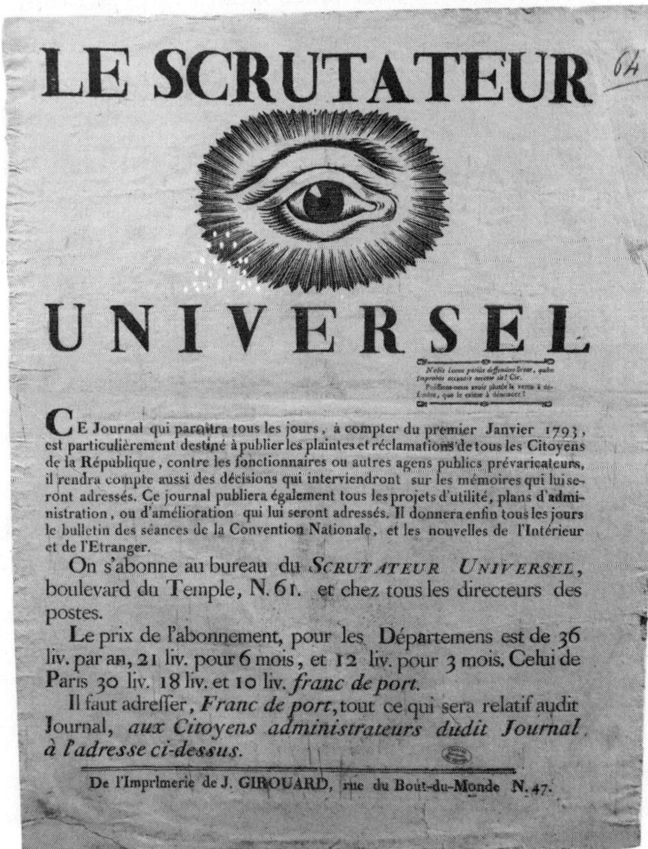

LE SCRUTATEUR UNIVERSEL

CE Journal qui paroîtra tous les jours, à compter du premier Janvier 1793, est particulièrement destiné à publier les plaintes et réclamations de tous les Citoyens de la République, contre les fonctionnaires ou autres agens publics prévaricateurs, il rendra compte aussi des décisions qui interviendront sur les mémoires qui lui seront adressés. Ce journal publiera également tous les projets d'utilité, plans d'administration, ou d'amélioration qui lui seront adressés. Il donnera enfin tous les jours le bulletin des séances de la Convention Nationale, et les nouvelles de l'Intérieur et de l'Etranger.

On s'abonne au bureau du *SCRUTATEUR UNIVERSEL*, boulevard du Temple, N. 61. et chez tous les directeurs des postes.

Le prix de l'abonnement, pour les Départemens est de 36 liv. par an, 21 liv. pour 6 mois, et 12 liv. pour 3 mois. Celui de Paris 30 liv. 18 liv. et 10 liv. *franc de port.*

Il faut adresser, *Franc de port*, tout ce qui sera relatif audit Journal, *aux Citoyens administrateurs dudit Journal à l'adresse ci-dessus.*

De l'Imprimerie de J. GIROUARD, rue du Bout-du-Monde N. 47.

L'œil du peuple sur une affiche de 1793 annonçant la parution d'un journal. © Droits réservés.

Ainsi, il interpelle les passants, en les scrutant de face, sur l'affiche d'un éphémère quotidien de l'année 1793, l'an I de la République, *Le Scrutateur universel*, qui y annonce son programme : « Ce journal qui paraîtra tous les jours, à compter du 1er janvier 1793, est particulièrement destiné à publier les plaintes et réclamations de tous les Citoyens de la République, contre les fonctionnaires ou autres agents publics prévaricateurs ; il rendra compte aussi des décisions qui interviendront sur les mémoires qui lui seront adressés. Ce journal publiera également tous les projets d'utilité, plans d'administration, ou d'amélioration qui lui seront adressés. Il donnera enfin tous les jours le bulletin des séances de la Convention Nationale, et les nouvelles de l'Intérieur et de l'Étranger. »

Surmonté du mot « Surveillance », on retrouve cet œil vigilant, dessiné de profil, à la une du premier numéro du *Journal du Club des Cordeliers*, « Société des amis des droits de l'homme et du citoyen », en date du 28 juin 1791. Surveiller le pouvoir afin qu'il ne puisse échapper à son mandant, le peuple. L'obliger à

N°. Ier.

JOURNAL

DU CLUB

DES CORDELIERS.

SOCIÉTÉ

DES AMIS DES DROITS DE L'HOMME ET DU CITOYEN.

Du mardi 28 juin 1791.

TOUTE la France sait que, dans la nuit du 20 au 21 de ce mois, le premier fonctionnaire public a déserté lâchement le poste qui lui avoit été confié. La capitale n'apprit son évasion et celle de toute sa famille que vers les 8 à 9 heures du matin. Aussi-tôt la société des amis des droits de l'homme et du citoyen, toujours animée de l'amour du bien public, allarmée des dangers qui menaçoient la patrie, s'assembla extraordinairement

A

La surveillance du peuple symbolisée en tête du premier numéro d'un journal de 1791. © Droits réservés.

agir en toute lumière de façon à ce que la représentation ne soit pas détournée en dépossession, confisquant la volonté populaire. L'œil est ici l'emblème d'une radicalité démocratique qui refuse une démocratie vidée de son âme parce que réduite aux institutions du gouvernement ou à une délégation de pouvoir.

C'est ce qu'explique, dès 1790, Nicolas de Bonneville, l'un des publicistes révolutionnaires, dans le premier numéro d'un autre journal, *La Bouche de fer*, dont l'éditeur était le Cercle social qui se donnait pour objet « la confédération universelle des amis de la vérité ». Les mots soulignés le sont dans le texte original : « Le pouvoir de surveillance et d'opinion (quatrième pouvoir censorial, dont on ne parle point), en ce qu'il appartient *également* à tous les individus, en ce que *tous* les individus peuvent l'exercer par eux-mêmes, *sans représentation*, et sans danger pour le corps politique, constitue essentiellement la souveraineté nationale. »

Avant de bientôt s'éclipser en même temps que la liberté de la presse, l'œil du peuple trône encore en majesté, dans son triangle et avec ses rayons, sur le logo du *Bulletin des lois*

L'œil du peuple figure toujours sur les rambardes du vieux Palais de justice de Paris. © *E. P.*

de la République française, en tête de son numéro 29 où est publiée la loi du 9 thermidor an II « qui porte que Maximilien Robespierre sera mis en état d'arrestation ». Aujourd'hui, on peut toujours le croiser au cœur de Paris, butte-témoin de radicalités révolutionnaires. C'est sur les rambardes du vieux Palais de justice, où siègent les cours d'appel et la Cour de cassation.

« La publicité est l'âme de la justice » : la formule est de Jeremy Bentham, en 1790, dans son *Esquisse d'un code pour le système judiciaire français*. La postérité a malmené Bentham, parfois réduit à son invention d'un panoptique carcéral, permettant l'observation permanente des faits et gestes des détenus. Il fut surtout le théoricien politique de la publicité comme garantie contre l'arbitraire, politique ou judiciaire. Ainsi, rendue au nom du peuple, la justice doit l'être en public, sous les yeux du public, afin d'éviter qu'à l'abri du secret, elle soit contrainte, manipulée, dévoyée.

Le 26 août 1792, Bentham fut décrété citoyen français, ainsi que seize autres étrangers, par l'Assemblée nationale pour ce motif : « Ces hommes qui, par leurs écrits et par leur courage, ont servi la cause de la liberté et préparé l'affranchissement des peuples, ne peuvent être regardés comme étrangers par une nation que ses lumières et son courage ont rendue libre. » Parmi eux, Thomas Paine, Britannique devenu américain avant de devenir aussi français, et le Prussien Anacharsis Cloots qui, tous deux, par la suite, furent élus députés à la Convention.

Spontanément internationaliste, la Révolution française n'avait pas encore été saisie par la guerre et le nationalisme que celle-ci enfante. Elle se savait fille du monde, portée par un vent du large qui se fichait bien des frontières et des nationalités. Un souffle de longue durée, à la manière d'une longue patience qui est aussi une lente impatience. Un passé plein d'à présent faisait valoir ses droits. Des figures vaincues venaient chercher leur victoire. Des promesses inaccomplies retrouvaient leur jeunesse. Des idées, qu'un long hiver avait rendues souterraines, se mettaient à éclore de nouveau, avec une vigueur printanière.

Ainsi de John Milton. En ce sens, les militants de Bordeaux ne pouvaient choisir meilleure référence, reliant par-dessus les siècles des espérances sans âge. Fin 1788, alors que la convocation des États généraux était déjà en cours, paraissait en français, traduit pour la première fois, le texte qui deviendra la bible des défenseurs radicaux de la liberté de la presse – liberté de dire et d'écrire, d'imprimer et de publier. Or son auteur n'est autre que Milton ! *Areopagitica*, sous-titré *A Speech for the*

Liberty of Unlicens'd Printing, connu dans notre langue sous l'intitulé *Pour la liberté d'imprimer sans autorisation ni censure*, est une adresse au Parlement anglais diffusée en 1644, deux ans après l'énoncé visionnaire sur les yeux crevés du peuple que l'on veut rendre aveugle.

Près d'un siècle et demi plus tard, son premier traducteur n'est autre que l'un des principaux orateurs des débuts à venir de la Révolution française, le comte de Mirabeau. *Sur la liberté de la presse, imité de l'Anglais de Milton*, est accompagné sur sa couverture, en versions anglaise et française, de cette citation extraite du livre : « Tuer un homme, c'est détruire une créature raisonnable ; mais étouffer un livre, c'est tuer la raison elle-même. » Mirabeau y prolonge lui-même le plaidoyer de Milton. Après avoir rappelé que l'Angleterre fut la première nation à accepter la liberté de la presse, il vante cette « épée de Damoclès, partout en Angleterre suspendue sur la tête de quiconque méditerait, dans le secret de son cœur, quelque projet funeste au prince ou au peuple ».

« Que la première de vos lois consacre à jamais la liberté de la presse, conclut-il, la liberté la plus inviolable, la plus illimitée : qu'elle imprime le sceau du mépris public sur le front de l'ignorant qui craindra les abus de cette liberté ; qu'elle dévoue à l'exécration universelle le scélérat qui feindra de les craindre… le misérable ! Il veut encore tout opprimer ; il en regrette les moyens ; il rugit dans son cœur de les voir échapper ! » Quant au texte de Milton, il se termine par une défense de la liberté de la presse comme sauvegarde face aux erreurs qui sont « aussi communes dans les bons gouvernements que dans les mauvais » : « Car, quel est le magistrat dont la religion ne puisse être surprise, surtout si l'on met des entraves à la liberté de la presse ? »

Mais l'essai de Milton va bien au-delà de cette pétition de principe : il fonde une théorie de la vérité, de sa recherche et de son élaboration. C'est une défense du pluralisme des opinions, de la confrontation des idées, de la connaissance comme quête incessante et infinie de vérités qui ne sauraient avoir de propriétaires héréditaires ou assermentés. « Le bien et le mal ne croissent point séparément dans le chemin fécond de la vie ; ils germent l'un à côté de l'autre et entrelacent leurs branches d'une manière inextricable, écrit-il (dans la traduction de Mirabeau). La connaissance de l'un est donc nécessairement liée à celle de l'autre. »

Lisant ces lignes si anciennes, qui pourtant ne nous sont aucunement vieilles, on comprend combien la haine du journalisme indépendant et de la presse libre est, au fond, un refus de la vitalité démocratique comme prolongement politique de la vie même. Oui, de la vie, de ses débordements, de ses joies et de ses colères, de ses emballements et de ses emportements, de ses rêves et de ses tristesses. Plaidoyer radical pour la liberté de la presse, le discours de Milton est aussi une défense de la liberté comme inachèvement permanent, sans cesse réinventée et ressourcée : « Nous naviguons diversement sur le vaste océan de la vie ; la raison en est la boussole, mais la passion en est le vent. Ce n'est pas dans le calme seul que l'on trouve la divinité ; Dieu marche sur les flots et monte sur les vents. »

« Si nous voulons subordonner la presse à des règlements avantageux pour les mœurs, insiste-t-il plus prosaïquement, il nous faudra soumettre à la même inspection les plaisirs et les divertissements : il faudra des censeurs pour le chant, qui ne permettront que des sons graves et doriques, car la musique est encore une source de corruption ; il en faudra pour la danse afin qu'on n'enseigne aucun geste indécent à notre jeunesse [...] : vingt censeurs auront assez d'occupation dans chaque maison pour inspecter les guitares, les violons et les clavecins ; il ne faudra pas qu'ils permettent qu'on jase comme on fait aujourd'hui, mais qu'ils règlent tous les discours qu'on devra tenir. Et comment empêcher la contrebande des soupirs, des déclarations et des madrigaux qui s'échapperont à voix basse dans les appartements ? »

Cette fraîcheur nous vient d'une révolution, la première des révolutions politiques modernes, précédant l'enchaînement des révolutions américaine, française et haïtienne. C'est celle qui, de 1642 à 1660, avec une éphémère république et l'exécution d'un roi, ouvrit l'horizon d'un libéralisme politique radical, à rebours des monarchies absolues, des bonapartismes impériaux et des césarismes républicains. Ce fut, par contraste, l'occasion manquée française, au début de ce même XVIIe siècle, quand petite noblesse et bourgeoisie ascendante voulurent s'unir au sein des États provinciaux et qu'en retour la répression impitoyable de Richelieu, brisant net cette dynamique, installa fermement la France dans une culture d'absolutisme monarchique, centralisatrice et uniformisatrice, autoritaire et verticale, associant le Grand Un du pouvoir au Grand Même de l'identité. Une imprégnation politique dont elle n'est jamais durablement sortie, hélas.

Plus connu de nos jours pour son œuvre de poète, l'un des plus grands en langue anglaise, notoirement célèbre pour *Le Paradis perdu*, John Milton fut pleinement de cette révolution, l'un de ses publicistes les plus actifs et les plus radicaux. En 1789, dans une inconsciente prescience des débats sur l'exécution de Louis XVI, Mirabeau traduira aussi, mais sous un nom d'emprunt, son essai en défense de la condamnation à mort du monarque anglais, *Défense du peuple anglais sur le jugement et la condamnation de Charles Ier roi d'Angleterre.* Les rois – et, ajouterais-je, les présidents et les gouvernants de nos jours – appartiennent aux peuples, et non l'inverse, assènent ses premières lignes : « Chacun de nous doit son existence à son père ; notre roi nous doit la sienne ; la nature nous a donné des pères à tous ; c'est nous-mêmes qui nous sommes donné des rois ; les rois appartiennent donc aux peuples, et les peuples n'appartiennent point aux rois. »

Aussi ces derniers ont-ils le droit absolu de déposer leurs rois, fût-ce en se révoltant au nom de cette « résistance à l'oppression » que la Déclaration des droits de l'homme de 1789 consacrera parmi les « droits naturels et imprescriptibles de l'homme » et que celle de 1793 considérera comme « le plus sacré des droits et le plus indispensable des devoirs ». « Dieu se manifeste bien plus dans un peuple qui dépose son souverain inique, que dans un monarque qui imprime un peuple innocent », résume le poète en révolte, dans la traduction de Mirabeau.

Au risque de l'anachronisme, ce Milton révolutionnaire me semble d'esprit libertaire, rétif à tout pouvoir : « La liberté naturelle de l'homme consiste à ne reconnaître aucun pouvoir souverain sur la terre. » Or c'est cette audace qui, telle une mèche lente, fit chemin jusqu'à l'explosion révolutionnaire française, inspirant en 1751 l'article de l'*Encyclopédie* sur l'« Autorité politique » qui, rédigé par Diderot, fit scandale. « En un mot, pouvait-on y lire, la couronne, le gouvernement, l'autorité publique sont des biens dont le corps de la nation est propriétaire, et dont les princes sont les usufruitiers, les ministres et les dépositaires. »

Mais la résonance sollicitée par la banderole de Bordeaux creuse plus profond encore. Les pamphlets de Milton témoignent en effet de la dimension sociale de la révolution anglaise, radicalité défaite avec la restauration monarchique de 1660. Animés d'utopies millénaristes, croyant vivre la fin du monde, Niveleurs (*Levellers*), Bêcheux (*Diggers*), Divagateurs (*Ranters*) et Chercheurs (*Seekers*), selon leurs diverses et poétiques appellations, y furent les acteurs populaires d'une révolution chrétienne du bien commun, dont le large peuple, pauvre et opprimé, est l'élu plutôt que les riches, puissants et possédants. « Aucun commandement, dit Milton, qu'il soit humain ou céleste ne peut engager quiconque contre le bien de l'homme. »

Alors que l'ordre ancien se recroquevillait tel un parchemin à l'épreuve du feu, ils entendaient mettre « le monde à l'envers », selon une formule des Actes des Apôtres que reprendra l'un de leurs futurs historiens, le marxiste Christopher Hill. Leur radicalité, qui signifie simplement ne pas se payer d'illusions et prendre les problèmes à leur racine, s'est inscrite dans une chaîne qui n'aura jamais de fin, dont, en France, les bras nus de 1793 comme les Gilets jaunes de 2019 seront l'un des maillons. Or, la première liberté que ces radicaux anglais auront léguée à la postérité, ce fut la liberté de la presse, ce droit si précieux et si fragile de pouvoir dire et diffuser ce que l'on pense et ce que l'on sait.

Ce faisant, ils ne défendaient pas le privilège de quelques-uns mais le droit de tous. Ils n'inventaient pas qu'une liberté, ils fondaient une philosophie. « L'opinion chez l'homme n'est pas autre chose que savoir en devenir », écrit ainsi Milton. La vérité n'est ni un dogme ni une propriété. C'est un chemin, entre recherche et enquête, confrontation et discussion, découverte et révélation. Une méthode, une éthique, une pratique. Une expérience en somme. Où l'on rencontre cette autre radicalité intellectuelle trop ignorée en France, celle de la philosophie pragmatiste américaine dont John Dewey montra, par ses engagements démocratiques contre le nazisme et le stalinisme, combien sa modération raisonnée était une intransigeance essentielle.

« Les amis de la vérité sont ceux qui la cherchent, et non ceux qui se vantent de l'avoir trouvée » : ce fut la première phrase d'une conférence donnée par Condorcet, le 1er avril 1791, devant le Cercle social, aussi dénommé Les Amis de la Vérité, animé par Nicolas de Bonneville, le journaliste de *La Bouche de fer*. Cette défense de la pluralité et de l'expérience, contre les régimes d'unicité et d'autorité, fait de la connaissance une création collective dont la construction ne peut être garantie que par la publicité : le droit de savoir, de s'informer et de s'exprimer, en toute lumière. Elle invite à se méfier, d'instinct, de tout pouvoir qui se prétend détenteur d'une vérité qu'il suffirait d'expliquer et d'enseigner, assimilant ses opposants à de mauvais élèves et réduisant les difficultés qu'il rencontre à des problèmes de pédagogie.

Au passage, comme si la résonance prolongeait son écho contemporain, Condorcet, qui pourtant était, lui aussi, de ces modérés radicaux, défend dans son discours la nécessaire violence d'en bas contre les injustices d'en haut. « Dans les pays soumis à un gouvernement arbitraire, tout acte contraire au droit naturel peut être repoussé par la violence », affirme-t-il, en ajoutant : « Si le peuple peut, d'après le vœu de la pluralité, demander la réforme même des abus qui ont porté la corruption dans le corps législatif, ou qui lui ont ravi son autorité, le refus de lui accorder cette réforme, ou plutôt cet examen, devient le seul motif légitime de résistance. »

La liberté de la presse est une forme de résistance pacifique, une résistance de tous les jours, un refus de l'endormissement citoyen et du sommeil politique. Aussi fait-elle logiquement du bruit, des remous et du scandale. Si elle ne dérange plus, c'est qu'elle s'est affadie. « Les ménagements, les détours, la politesse, la circonspection, tout cela est de la monarchie, écrira Camille Desmoulins dans *Le Vieux Cordelier*, en 1794, peu de temps avant d'être guillotiné. Le caractère de la République, c'est de ne rien dissimuler, de marcher droit au but, à découvert, et d'appeler les hommes et les choses par leurs noms. La monarchie fait tout dans le cabinet, dans des comités et par le seul secret ; la République, tout à la tribune, en présence du peuple et par la publicité, par ce que Marat appelait faire un grand scandale. »

La publicité, cette sauvegarde du peuple. « Je suis l'œil du peuple, vous en êtes tout au plus le petit doigt », avait lancé l'intraitable Marat, le 27 septembre 1789, dans une *Lettre à la Commune de Paris* dont le maire n'était autre que l'auteur de la formule, Jean-Sylvain Bailly, cet autre modéré que *L'Ami du peuple* ne cessera de poursuivre de sa vindicte et qui, à son tour, finira guillotiné, le 12 novembre 1793 – quatre mois, presque jour pour jour, après l'assassinat de Marat, le 13 juillet. Si elle est mystérieusement oubliée de nos jours, cette maxime revenait régulièrement dans les débats révolutionnaires, à mesure que la Révolution elle-même, menacée et assiégée, remettait en cause sa radicalité démocratique originelle.

Il en va ainsi des droits fondamentaux qu'ils ne composent guère ni ne s'accommodent : leur défense ne peut être qu'intransigeante. Cela signifie qu'il faut être prêt à les défendre au sein de son propre camp, contre les siens, camarades de combat et compagnons de lutte, quand ils s'y dérobent, les piétinent ou les trahissent. Face à Robespierre, devenu l'incarnation de la dictature de salut public que lui avait confiée une assemblée, la Convention montagnarde, ce sont les mots de Bailly que Desmoulins brandira tel un talisman protecteur, dans le même numéro 7 du *Vieux Cordelier*, en date de quintidi pluviôse, 2e décade, an II. Voici donc :

> Quel est le meilleur retranchement des peuples libres contre les invasions du despotisme ? C'est la liberté de la presse. Et ensuite, le meilleur ? C'est la liberté de la presse. Et après, le meilleur ? C'est encore la liberté de la presse. Nous savions tout cela dès le 14 juillet ; c'est l'alphabet de l'enfance des républiques ; et Bailly lui-même, tout aristocrate qu'il fût, était, sur ce point, plus républicain que nous. On a retenu sa maxime : « La publicité est la sauvegarde du peuple. » Cette comparaison devrait nous faire honte. Qui ne voit que la liberté d'écrire est la plus grande terreur des fripons, des ambitieux et des despotes, mais qu'elle n'entraîne avec soi aucun inconvénient pour le salut du peuple ? Dire que

> cette liberté est dangereuse à la République, cela est aussi stupide que si on disait que la beauté peut craindre de se mettre devant une glace. On a tort ou on a raison ; on est juste, vertueux, patriote, en un mot, ou on ne l'est pas. Si on a des torts, il faut les redresser, et pour cela il est nécessaire qu'un journal vous les montre ; mais, si vous êtes vertueux, que craignez-vous de numéros contre l'injustice, les vices et la tyrannie ? Ce n'est point là votre miroir.

Ces mots-là seront toujours jeunes, sous toute époque et sous toute latitude. Leur éternelle jeunesse fera d'autant plus valoir ses droits que des régimes issus des combats qui les ont portés et façonnés, se prétendant démocratiques ou progressistes, en renient l'esprit et la lettre. « L'un des phénomènes propres à notre époque est le reniement des libéraux », soulignait George Orwell dans sa préface de 1945, longtemps inédite, à *La Ferme des animaux*, s'alarmant de « l'affaiblissement général de la tradition libérale occidentale ». Le constat vaut, ô combien, pour notre siècle débutant où le libéralisme politique a été défait par un libéralisme autoritaire, imposant au plus grand nombre la loi d'airain de l'argent et de la marchandise, en ayant réussi à mettre la puissance étatique au service d'une petite minorité de privilégiés.

En décembre 1944, alors qu'il écrivait cette préface, Orwell avait assisté à une réunion du PEN Club organisée pour célébrer le tricentenaire d'*Areopagitica*, le pamphlet de Milton sur la liberté de la presse. Derrière les discours de circonstance, il avait constaté une certaine fascination des intellectuels présents, libéraux à l'anglaise, pour la puissance, la force et le pouvoir – en l'occurrence ceux de l'Union soviétique stalinienne, sauvée du discrédit par l'héroïsme et le sacrifice du peuple russe dans le combat antinazi. Mais sa réflexion visait, au-delà de ce contexte historique, la crainte d'un renoncement plus général, dont les formes peuvent être inattendues. Un danger récurrent qu'il avait résumé d'une image, celle du gramophone : « Le véritable ennemi, c'est l'esprit réduit à l'état de gramophone, et cela reste vrai que l'on soit d'accord ou non avec le disque qui passe à un certain moment. »

L'un des principes défendus par Orwell dans cette préface longtemps méconnue, exhumée en 1995 pour le cinquantième anniversaire d'*Animal Farm*, est entré en 1976 dans le droit européen, avec l'arrêt Handyside de la Cour européenne des droits de l'homme (CEDH). Il stipule que la liberté d'expression « vaut non seulement pour les informations ou les idées accueillies avec faveur, ou considérées comme inoffensives ou indifférentes, mais aussi pour celles qui heurtent, choquent ou inquiètent l'État ou une fraction quelconque de la population ». « Ainsi le veulent, concluait la CEDH, le pluralisme, la tolérance et l'esprit d'ouverture sans lesquels il n'y a pas de société démocratique. »

Sans s'embarrasser de juridisme, Orwell avait fait plus court et plus direct : « Parler de liberté n'a de sens qu'à condition que ce soit la liberté de dire aux gens ce qu'ils n'ont pas envie d'entendre. » Répondant par avance à d'éventuels contradicteurs, il s'était contenté d'une citation en guise de justification. C'était un vers de Milton, le poète : « *By the known rules of ancient liberty.* » Littéralement : « Par les règles connues de l'ancienne liberté. »

Cette ancienne liberté qui, ici, nous accompagne pour résister à de modernes servitudes.

2.

La médaille du colporteur

J'ai retrouvé l'œil du peuple sur la première pièce du puzzle. Toute enquête est un casse-tête comme le sont ces jeux de patience où l'on cherche un à un des éléments qui se correspondent, dont le lent assemblage finira par dessiner le paysage voulu. Or, induit en erreur par l'ajout des mots « de la vie politique » dans la piste initiale, je ne dénichais, au tout début de ce voyage, aucune correspondance en recherchant la phrase de Bailly sur Internet. « La publicité de la vie politique est la sauvegarde du peuple » ne m'amenait nulle part. Sinon sur mes propres billets de blogs ou articles de Mediapart dans lesquels j'avais reproduit cette citation fautive, parmi d'autres références historiques en défense d'une presse libre et indépendante. Bref, je tournais en rond.

Car, évidemment, j'enquêtais sur ce passé révolu avec nos atouts d'aujourd'hui, cet infini savoir numérisé rendu librement accessible à n'importe qui et de n'importe où par la vertu du lien hypertexte et des moteurs de recherche. Cette commodité était, en elle-même, une illustration de ce qui m'animait : ayant pour objectif la réhabilitation d'un idéal démocratique, cette investigation d'historien amateur se faisait avec les armes d'une démocratie renouvelée par la révolution technologique. Comme si, de façon expérimentale, elle confirmait ce que nous pressentons tous : cette certitude tenace qu'une révolution industrielle, modifiant radicalement notre rapport au temps et à l'espace, appelle une révolution démocratique dont l'avènement surviendra bien un jour, sans prévenir, inévitable quels que soient les échecs douloureux des premiers assauts et des premières audaces.

D'une modernité l'autre, de la généralisation de l'imprimerie à la démocratisation de l'ordinateur, ce va-et-vient entre passé et présent, entre le sujet de mon enquête et les outils que j'utilisais, me rappelait combien la diabolisation du Net est, le plus souvent, un discours de propriétaire. Tout comme, hier, clercs et lettrés pouvaient s'alarmer de la diffusion populaire de connaissances dont ils ne maîtriseraient plus l'impact et l'effet, les procureurs du numérique, qui n'y voient que le règne de bêtes sauvages ou l'avènement d'un abrutissement général, expriment, par cette caricature, leur refus du partage du savoir et, donc, du pouvoir. Ils craignent de ne plus en être les seuls dépositaires, gardiens du juste et du vrai, du bon et du mauvais goût, de leurs intérêts et de leurs privilèges surtout, tant ce qu'ils redoutent, c'est que les masses n'aient plus besoin de maîtres.

L'enjeu est ce beau mot d'émancipation. Se libérer d'autorités, de servitudes, de préjugés. S'émanciper, autrement dit s'affranchir. Nul hasard, sans doute, si son usage politique le plus commun concerne celles et ceux qui sont tenus et construits en minorité par des dominations si sûres d'elles-mêmes qu'elles se croient naturelles et, du coup, éternelles : l'émancipation des esclaves, l'émancipation des femmes, l'émancipation des ouvriers, l'émancipation de la jeunesse… Sur cette longue route, l'accès au savoir a les vertus secourables d'une eau miraculeuse qui conforte et console, donne envie de poursuivre et aide à trouver sa route. À cette aune, le journalisme, s'il est exigeant avec lui-même, est une université populaire, rendant accessibles à toutes et tous, sans condition de diplôme et de situation, des connaissances indispensables sur le présent qui s'invente et sur le passé qui le tisse.

J'ai donc cherché comme tout un chacun. En bricolant, en tâtonnant, en vérifiant. C'est ainsi que, sur mon écran, j'ai fini par tomber sur la médaille des colporteurs de journaux. Internet avait gardé en mémoire le numéro 24 d'une vente aux enchères de numismatique, tenue à Paris en 2015, ainsi présentée : « Médaille de colporteur de journaux n° 19 (1789). LA PUBLICITÉ EST LA SAUVEGARDE DU PEUPLE ; Bailly. R./ [pour "recto"] LA LOI ET LE ROI dans une couronne de chêne. Cuivre. 59 mm. Bélière. Très beau. » S'il mentionne la couronne de chêne ainsi que la bélière, l'anneau qui permet d'accrocher la médaille à une boutonnière, ce descriptif faisait curieusement l'impasse sur le motif qu'entourait la phrase de Bailly : l'œil du peuple, dardant ses rayons de vigilance.

Ce fut ma première confirmation : de l'existence de la phrase, de son attribution à

L'œil du peuple sur le médaillon porté par les colporteurs de journaux parisiens en 1790. © Nicolas Marie Gatteaux, Paris Musées, musée Carnavalet.

Bailly et de sa formulation exacte. Enhardi par cette trouvaille, je me suis mis à rechercher frénétiquement d'autres références et d'autres liens. J'en fus rapidement récompensé. La mécréance n'excluant pas la spiritualité, j'aime croire que des esprits taquins et complices nous accompagnent dans nos défis improbables. Ces « hasards objectifs », que la littérature et la poésie surréalistes ont expérimentés et théorisés, me semblent même comme ces dieux lares de la mythologie romaine, supposés protéger les humains dans les lieux qu'ils habitent. Toujours est-il qu'une divinité inconnue du monde numérique est soudain venue à mon secours quand j'ai eu l'idée d'aller chercher sur eBay, le site mondial de vente aux enchères créé par Pierre Omidyar, lequel a ce privilège enviable de cumuler trois nationalités, l'iranienne, la française et l'américaine.

J'y ai en effet acheté – personne n'a surenchéri – l'une des trois cents médailles frappées fin 1789 pour les colporteurs de journaux parisiens, précisément celle qui porte le numéro 212. L'expression « hasard objectif » a été empruntée par André Breton, l'âme du mouvement surréaliste, à un auteur qui n'était guère poète mais assurément révolutionnaire, Friedrich Engels, l'indissociable compagnon de lutte de Karl Marx : il y voyait une « forme de manifestation de la nécessité ». En somme, c'est arrivé parce que cela devait avoir lieu. Sans que, forcément, l'on puisse le prévoir ou le justifier. Dans mon cas, j'ai jugé ce hasard aussi heureux que bavard.

Fortune faite avec l'invention de ses enchères participatives sans frontières, dont les acteurs sont des individus et non pas des firmes, le fondateur d'eBay est en effet le seul des milliardaires du Web à avoir investi une partie de ses revenus colossaux dans la défense d'un journalisme indépendant et intransigeant. À la suite des révélations d'Edward Snowden sur la surveillance secrète généralisée organisée, à l'insu des populations, par les États-Unis d'Amérique grâce aux nouvelles technologies digitales, il a aidé l'avocat des libertés Glenn Greenwald et le journaliste d'investigation Jeremy Scahill à fonder The Intercept. Financé par le soutien de ses lecteurs et par la fondation à but non lucratif créée par Omidyar, First Look Media

Works, ce magazine en ligne sans publicité, qui existe aussi en version brésilienne, est dédié à un « *adversorial journalism* », autrement dit un journalisme de contre-pouvoir, attaché à « dénoncer l'injustice et la corruption où qu'elles se trouvent ».

Link, le lien ; *leak*, la fuite : en langue anglaise, l'assonance des deux mots souligne l'intrication, dans l'univers numérique, de l'accès aux savoirs et de la révélation d'informations. On comprend d'autant mieux combien son contrôle et sa maîtrise sont un enjeu pressant pour les pouvoirs, étatiques et économiques, tant, par son fonctionnement même, ce nouveau moyen de communication peut leur échapper. Car il se déploie telle une plante vivace qui ne cesserait de se démultiplier, dont les racines creuseraient toujours plus profondément tandis que ses branches s'étendraient indéfiniment.

Dans cet affrontement, la phrase de Bailly est de bon secours. La bataille pour un Internet vraiment libre est loin d'être encore gagnée face au pouvoir d'inquisition numérique de la NSA, l'agence de surveillance nord-américaine, et face au trafic commercial de données personnelles des GAFAM, les cinq oligopoles digitaux, sans oublier la censure et l'espionnage pratiqués sans vergogne sur leurs internautes par les États autoritaires. Mais nous pouvons, sinon nous rassurer, du moins nous conforter en pensant à la longue durée du combat similaire que fut la défense pionnière de la liberté de la presse.

Car la scène originelle que je revisite ici nous montre combien, à peine proclamée, elle fut contestée, toujours fragile, toujours menacée. Et combien, une fois ce temps de grâce passé, ce fut une longue marche pour qu'elle soit enfin admise et reconnue – ce qui ne l'empêche pas de rester vulnérable, notre époque le démontre.

De ce point de vue, la médaille parisienne, cet insigne des « colporteurs de papiers publics », comme on les appelait, est un indice trompeur. Tout en popularisant, à travers la formule attribuée à Bailly, la publicité comme garantie fondamentale des droits essentiels, elle manifestait la volonté d'en contrôler l'exercice, par crainte de ses débordements et de ses excès. Politiquement, elle est paradoxale : elle proclame une liberté totale qu'en même temps elle voudrait maîtriser. En vain, tant la suite de notre histoire montrera combien la portée de la phrase de Bailly excède l'intention de son auteur.

L'institution de la médaille des colporteurs de journaux provient d'une délibération de l'Assemblée des représentants de la Commune de Paris à la date du 12 décembre 1789. Selon son procès-verbal, qui est signé de Bailly – ce qui atteste de sa présence à cette séance –, la réunion commence par l'intervention d'un membre non identifié de l'Assemblée qui « lui a fait la dénonciation d'une multitude de libelles dans lesquels les auteurs franchissent toutes les bornes, insultent aux mœurs et à la religion, et voudraient même, à force de calomnies, porter atteinte, s'il était possible, jusqu'au respect dont tous les bons citoyens sont pénétrés pour leur souverain ; il s'est plaint de ce que ces libelles se vendaient ouvertement dans tous les endroits publics, et même dans les vestibules et dans les galeries de l'Assemblée nationale ; il a demandé, enfin, que le Comité des rapports fût chargé de proposer un projet de règlement général, qui pût faire cesser un scandale aussi révoltant. »

La Révolution n'en est qu'à ses débuts, alors plus proche de l'instauration d'une monarchie constitutionnelle que d'une République égalitaire. Aucun des protagonistes n'imagine l'événement qui, un an et demi plus tard, précipitera l'avènement de celle-ci, enflammant et radicalisant la mobilisation populaire : en juin 1791, Louis XVI s'enfuit de Paris avant d'être rattrapé à Varennes, reconnu par le maître de poste Jean-Baptiste Drouet que son geste rendra immensément populaire, le propulsant jusqu'en Inde au cours d'une de ces vies aventureuses dont les révolutions ont le secret. Mais, en cette fin d'automne 1789, le bouillonnement révolutionnaire est déjà bel et bien irrépressible, bousculant les ordres établis, transgressant les règles ordinaires, inventant des politiques inédites, portant des revendications insatiables.

Nul autre théâtre n'en témoigne plus que la presse. Derrière les grandes dates, les grands orateurs et les grands textes, un événement inédit et multiforme traverse les premiers mois de la Révolution française, introduisant un acteur totalement nouveau, aussi incontrôlable qu'il est imaginatif : l'espace public et, avec lui, l'autonomie de la société. 1789 fut une révolution médiatique, portée par ce que l'historien

Jeremy Popkin a appelé « une véritable culture du journal, partie essentielle de la culture politique révolutionnaire ».

En y prêtant plus d'attention que les courants traditionnels de l'historiographie révolutionnaire, les nouvelles générations de chercheurs mettent ainsi en évidence une politique intensément vécue, à hauteur d'individus et d'anonymes, tous ces obscurs et ces sans-grade qui, sur le moment, font l'histoire et dont, ensuite, l'histoire perd la trace. Partir à leur recherche, c'est redonner vie aux espoirs qui les animaient, toutes ces potentialités démocratiques qui ne se sont pas forcément retrouvées dans les actes, lois et décrets, en somme dans les politiques instituées, y compris les plus radicales en apparence.

Crieurs de journaux, feuilles éphémères, placards muraux, lectures à voix haute, mises en commun, réunions et attroupements, etc. : il faut imaginer une ébullition permanente, suscitant d'infinies discussions collectives et accompagnée d'incessantes polémiques individuelles. Ses protagonistes mêlent des professionnels du journalisme, dans des variantes multiples où l'information côtoie l'opinion, l'essentiel et l'anecdotique, à toutes sortes d'acteurs non professionnels, à l'instar de nos blogueurs d'aujourd'hui, citoyens et citoyennes exprimant leurs convictions, partageant leurs expériences ou lançant leurs alertes.

Les journaux passant de main en main, Popkin, qui estime le tirage global de la presse sous la Révolution à 300 000 exemplaires par jour, évalue à 3 millions d'individus son lectorat aux moments les plus aigus, soit environ le dixième de la population française de l'époque. Loin d'être limité aux couches privilégiées, ce large public est aussi populaire, incluant les classes urbaines pauvres et une partie du monde paysan. Car, même si le niveau d'éducation variait fortement d'une région à l'autre, la majorité des hommes adultes savaient lire quand surgit la Révolution.

Paris est évidemment l'épicentre de cet ébranlement, le cratère de ce volcan en éruption. Telle est la scène ô combien instable et inconfortable sur laquelle va s'avancer Jean-Sylvain Bailly, ce premier maire injustement oublié de la capitale française.

Alors que les révolutions font plutôt droit à la jeunesse, c'est déjà un homme mûr – il a fêté ses cinquante-trois ans le 15 septembre 1789. Membre des trois académies – Académie des sciences (1763), Académie française (1783), Académie des inscriptions et belles-lettres (1785) –, ce qui ne le pose guère en dissident ou en révolté, ce mathématicien et astronome, qui correspondait avec Voltaire, est une notabilité intellectuelle de l'Ancien Régime, fréquentant ses cercles mondains, ses libres-penseurs, ses figures connues et ses personnages importants. Homme de transition et acteur de passage, Bailly accompagne le basculement de l'ancien monde au nouveau plutôt qu'il ne l'enfante, jusqu'à sa faute de juillet 1791 qui lui sera fatale – j'y reviendrai.

Individu timide bien qu'assez satisfait de sa personne, c'est un piètre orateur, ce qui explique sans doute en partie l'effacement qui le pénalise : excepté la phrase qui m'occupe, il n'a pas laissé de paroles historiques, même pas l'un de ces beaux discours qui transcendent leurs circonstances. Mais c'est un homme consciencieux qui, non sans abnégation – contrairement à la légende noire répandue par Marat –, déploiera, durant deux bonnes années – vingt-huit mois exactement –, d'indéniables talents d'administrateur à la tête de la toute neuve Commune de Paris.

Emporté par une popularité qu'il n'a pas sollicitée, dans une espèce de malentendu qui le promeut en sage à l'antique de cette aube de l'humanité, ce modéré va donc se retrouver au cœur des moments décisifs des premiers mois révolutionnaires : premier député du tiers état de Paris aux États généraux (12 mai 1789), premier président élu du tiers état (3 juin), premier président de l'Assemblée nationale (17 juin), lecteur à ce titre du serment du Jeu de paume (20 juin)… Alors qu'il avait abandonné cette fonction provisoire, limitée dans le temps, dès le 3 juillet, Bailly se voit, douze jours plus tard, propulsé par acclamation maire de Paris.

Ce plébiscite est en vérité un sauve-qui-peut. Sa popularité, alors intacte, est la bouée de sauvetage des intérêts divers et des positions installées qui s'affolent devant l'émeute. Nous sommes le 15 juillet, et la journée de la veille n'a pas seulement été marquée par la prise de la Bastille mais autant par les morts violentes de son gouverneur, le marquis de Launay, et du prévôt des marchands de Paris, Jacques de Flesselles, tués par la foule et dont les têtes furent ensuite joyeusement promenées sur des piques. Si longue violence d'en haut, soudaine violence d'en bas…

Plus encore que les assassinats du 14 juillet, ce sont les deux lynchages du 22 juillet qui affoleront les esprits, d'autant qu'ils étaient liés à la question socialement la plus explosive, celle, disait-on alors, des « subsistances » – autrement dit de l'alimentation nécessaire à la survie du plus grand nombre. Suspect de ne pas y pourvoir, sinon de la saboter, le contrôleur des finances Foulon de Doué fut retenu à l'Hôtel de Ville sous la protection de Bailly, d'où il fut extrait de force par la foule pour être pendu à une lanterne, puis décapité après que la corde eut cassé. On lui prêtait, sans preuves, cette formule : « S'ils ont faim, qu'ils broutent de l'herbe », ou, dans une autre variante : « Je forcerai le peuple à manger du foin. »

Son gendre, Bertier de Sauvigny, intendant de Paris et, à ce titre, directement responsable de l'approvisionnement de la capitale, va subir le même sort, enlevé par la foule à la garde qui l'emmenait de l'Hôtel de Ville à la prison de l'Abbaye. « Aussitôt, se remémora Bailly dans ses mémoires, un dragon est entré, portant un morceau de chair ensanglanté, et a dit : "Voilà le cœur de Bertier." Nous avons détourné la vue, et on l'a fait retirer. Ensuite la nouvelle nous est venue qu'on apportait sa tête, et qu'elle était déjà sur l'escalier. Nous avons envoyé dire qu'on n'entrât point, parce que l'assemblée était occupée d'une délibération ; et ce triomphe atroce et cette joie barbare se sont retirés. »

« Ce sang était-il donc si pur, qu'on n'osât le répandre ? », n'hésita pas à lancer alors, à la tribune de l'Assemblée nationale, Barnave, député grenoblois dont la suite des événements montrera qu'on ne peut guère le tenir pour un enragé. À l'inverse, on vit Marat, l'indéfectible « Ami du peuple », s'alarmer de cette violence sans justice, réclamant l'instauration d'une légalité révolutionnaire : « Leur supplice était mérité sans doute ; mais en le leur infligeant, on a violé la justice et outragé la nature. Aux scènes qu'a fait éclore la vengeance de la populace doivent succéder des jugements réguliers. » Preuve, s'il en était besoin, que les temps révolutionnaires, mettant à l'épreuve les consciences, bousculant les préjugés et forgeant les convictions, ne permettent pas de figer leurs acteurs dans des caricatures.

En 1844, le savant républicain François Arago, se faisant l'avocat de l'œuvre et de la mémoire de Bailly devant l'Académie des sciences, s'indigna que, de ces événements tragiques, on puisse bâtir une légende noire, faisant du Paris révolutionnaire « un vrai coupe-gorge ». À ce « roman », il opposait la « vérité » que, durant les deux ans et quatre mois du mandat parisien de son collègue académicien, il n'y eut que « quatre assassinats politiques ». Reste que ces deux lynchages du 22 juillet, suivis de l'assassinat d'un officier de gendarmerie en août à Chaillot, puis du massacre d'un boulanger parisien en octobre, en marge d'émeutes, signifiaient le début du « Ah ! ça ira, ça ira, ça ira ! », cette irrépressible poussée sociale déterminée à faire céder l'ordre ancien, ses injustices et ses inégalités, ainsi résumée dès 1790 par ce refrain populaire.

Selon Anacharsis Cloots, ce noble prussien devenu révolutionnaire en se proclamant

« Orateur du genre humain », l'expression aurait emprunté un chemin qui brouille les pistes patriotiques d'un supposé génie national. Dans l'édition du 4 mai 1792 de *Chronique de Paris*, il affirme que, parmi les expressions idiomatiques françaises, « ça ira » était une formule qu'affectionnait particulièrement un étranger assez taiseux, surtout dans une langue qu'il maîtrisait mal, expression par laquelle il rassurait ses visiteurs sur l'avenir de sa propre révolution.

Ce n'était autre que Benjamin Franklin, père fondateur des États-Unis dont l'ambassade auprès de la royauté française, de 1776 à 1785, sera si décisive dans la guerre d'indépendance américaine. Quand on lui exprimait des inquiétudes, écrit Cloots, « Franklin répétait toujours *ça ira*. Plusieurs de nos révolutionnaires se sont rappelé le tic du législateur de la Delaware ; et c'est ce qui a donné lieu à notre chanson patriotique… »

Je ne sais s'il disait vrai, mais le détour ne manque pas d'à-propos. D'abord parce que Franklin fut tout à la fois imprimeur, journaliste, essayiste, éditeur de livres, de journaux et d'almanachs populaires. Mais surtout parce que Bailly et Franklin se sont en effet fréquentés, résidant tous deux sur la colline de Chaillot, à l'ouest de la capitale, aujourd'hui intégrée à l'un des arrondissements emblématiques de la bourgeoisie parisienne, le seizième.

Leur amitié fut scellée lors d'une première rencontre en 1777 dont le récit deviendra une anecdote en vogue dans les salons. Cette visite de courtoisie du Français à l'Américain fut en effet une longue entrevue muette, une fois passées les formules de politesse. Quand, au bout d'une bonne heure, Bailly se leva pour prendre congé, Franklin, comme ivre d'aise d'avoir enfin rencontré un Français taiseux, lui aurait serré la main avec affection en s'écriant : « Très bien, monsieur Bailly, très bien ! »

Romancée ou non, l'histoire rejoint l'autoportrait de Bailly en homme « timide à l'excès, sans facilité pour parler ». Il faut croire que les révolutions transportent les hommes au-delà d'eux-mêmes. À son entrée en politique, qui date du jour d'avril 1789 où il rejoignit la réunion de son district pour les États généraux, Bailly s'était senti « respirer un air nouveau », regardant, écrira-t-il dans ses mémoires interrompues, « comme un phénomène d'être quelque chose dans l'ordre politique par sa seule qualité de citoyen ».

C'est donc ce bourgeois de Chaillot qui, le 15 juillet 1789, se retrouve promu à la tête de la Commune de Paris pour faire face. Au désordre, à la faim qui rôde, au pain qui manque, aux pétitions qui affluent, aux urgences les plus variées, aux voleurs et aux tricheurs, aux spéculateurs et aux affameurs, aux violences et aux insécurités. Gérer, administrer, établir, préserver, protéger, organiser, bâtir, alors même que tout semble instable, éphémère et provisoire.

Édités à la fin du XIXe siècle par Sigismond Lacroix, républicain d'origine polonaise qui, député de la Seine, siégera à l'extrême gauche, les procès-verbaux de l'assemblée parisienne montrent une municipalité assaillie par le quotidien, ballottée et tiraillée, bousculée et interpellée, suspectée aussi. Le temps n'est pas aux exécutifs forts, et c'est un régime d'assemblée qui gouverne : à l'automne 1789, l'assemblée des représentants de la Commune de Paris regroupe deux cent quarante membres, élus à raison de quatre pour chacun des soixante districts parisiens.

A posteriori, on peut douter que Bailly ait été l'homme de la situation, tant ce révolutionnaire improbable subissait l'événement plutôt qu'il ne le provoquait. Pour asseoir sa nouvelle et fragile autorité, il fut accompagné d'un autre personnage que sa renommée devançait, grâce à son aventure militaire aux côtés des indépendantistes américains. Le 15 juillet, en même temps qu'un nouveau maire, Paris se dotait avec La Fayette d'un commandant de la Garde nationale. L'un et l'autre se dissocieront rapidement du flot révolutionnaire qui ne se fera guère prier pour les rejeter – La Fayette sera déclaré « traître à la nation » le 19 août 1792 ; Bailly sera guillotiné le 12 novembre 1793. Ingrate, la postérité ne se souvient plus du second quand le premier, dont la vie fut autrement longue et mouvementée, sinon glorieuse, reste célèbre.

S'il figure parmi les nombreuses statues qui ornent les façades de son hôtel de ville, Bailly n'a même pas de rue ou de place de Paris à son nom – tracée avant la Révolution, la rue Bailly du troisième arrondissement de la capitale tient son appellation du bailli de l'abbaye de Saint-Martin-des-Champs. J'ai peine à croire que son modérantisme précautionneux en soit l'explication tant les noms des artères parisiennes sont encore encombrés de personnages secondaires, voire parfois de sabreurs et autres authentiques massacreurs, coloniaux notamment, qu'on ne saurait tenir pour des bienfaiteurs de l'humanité. Ne serait-ce que pour que l'on se souvienne de sa phrase, Jean-Sylvain Bailly mériterait que la ville qu'il a administrée en pleine tempête se remémore un peu mieux de son patronyme.

D'autant que, ce 12 décembre 1789, il ne semble pas avoir trop fait chorus avec l'anonyme protestataire qui, déjà, voulait qu'on mette fin à ce scandale, celui d'une presse libre. Selon le procès-verbal de la séance, il lui fut répondu que « les règlements existaient depuis longtemps, que l'Assemblée les avait renouvelés elle-même plusieurs fois, et qu'il ne s'agissait que de les faire exécuter ». « En conséquence, poursuit le compte rendu, il a été décidé qu'il n'y avait pas lieu à délibérer mais que MM. du Département de la police seraient invités à veiller exactement à l'exécution des règlements rendus en cette matière, et que M. le Commandant-général serait prié de donner les ordres les plus précis pour faire arrêter tous les distributeurs et colporteurs qui seraient surpris en contravention avec ces mêmes règlements. »

Vœu pieux tant la liberté de la presse, enivrée par sa jeune existence, ne se laissa pas contraindre. En rappelant d'anciens règlements inappliqués, l'Assemblée parisienne ne faisait que souligner son impuissance. Malgré des arrêtés du Comité de police en date du 24 et du 31 juillet, de l'Assemblée des représentants le 1er septembre et le 8 octobre, du Comité de police de nouveau le 27 octobre, la diffusion des imprimés, journaux, libelles, feuilles, prospectus, etc., ne connaissait aucune limite, rejetant toute entrave. Aussi la décision du 12 décembre 1789 va-t-elle conduire le Département de police, sous la signature de Bailly lui-même, à publier un nouvel arrêté qui, tout en proclamant que « le premier besoin d'un peuple qui se régénère est la liberté de la presse », entendait mettre de l'ordre dans sa diffusion.

La presse est alors libre, totalement libre pour la première fois de son histoire et à un degré que, par la suite, elle n'atteindra pas si souvent.

L'autorisation préalable est tombée tel un fruit mûr, et il est impensable de revenir en arrière. Tout peut désormais s'écrire et se publier, y compris, souligne d'emblée l'arrêté municipal, « une foule d'écrits incendiaires et calomnieux, qui ne tendent qu'à compromettre le repos et l'honneur des citoyens, ainsi que le caractère même de la nation ». Dès lors, l'administration communale n'a qu'un moyen d'action : essayer de contrôler la diffusion des journaux en veillant à ce que ne puissent s'y adonner « des gens sans aveu, sans domicile, et par conséquent sans responsabilité, [qui] inquiètent même les libraires par des attroupements que proscrit le bon ordre ».

L'arrêté se borne donc à organiser la corporation des colporteurs, dont elle augmente cependant le nombre, porté de cent vingt à trois cents, ainsi que celle des afficheurs, dont le nombre est limité à soixante, les uns et les autres n'accédant à ce statut « que sur le certificat de leur district, qui les surveillera ». Mais comment les distinguer ? Par la médaille, pardi !

« Il est défendu aux colporteurs de colporter, et aux afficheurs d'afficher, stipule l'arrêté municipal, sans avoir sur leur habit une plaque ostensible, sur laquelle on lira d'un côté : *La loi et le roi*, et de l'autre : *La publicité est la sauvegarde du peuple*. BAILLY. Et, pour que cette plaque ne puisse passer en des mains étrangères, les colporteurs et afficheurs porteront toujours dans leur poche leur commission en parchemin, sur laquelle sera leur signalement, et que les patrouilles et les fonctionnaires auront droit de se faire représenter. »

La puissance publique tente ainsi de maîtriser cette nouveauté qui lui échappe. Faute de pouvoir empêcher la presse d'être libre, on voudrait que sa diffusion soit sous contrôle, de façon à en limiter les débordements. Ce sera d'emblée, et pour toujours, le sort de la liberté de la presse que de se heurter à ce sempiternel refrain des pouvoirs en place sur ses excès et ses abus. Ils chercheront sans cesse à la limiter et à la contraindre, plutôt que de se résoudre à ce qu'elle déborde, bouscule et dérange.

Pourtant, à l'opposé de cette frilosité, on pouvait trouver dans les cahiers de doléances, dont la collation précède la réunion des États généraux en 1789, les bases d'une authentique culture démocratique, celle qui accepte de vivre avec une liberté de la presse pleine et entière, fût-elle excessive, plutôt que de se priver de ses secours face aux abus du pouvoir. Les plus audacieux d'entre eux indiquent cette direction en cumulant trois revendications, qui n'ont pas vieilli : la fin de toute entrave à la liberté d'imprimer (ni autorisation, ni cautionnement, ni censure) ; la nécessaire responsabilité des auteurs (critique de l'anonymat, exigence du nom de l'éditeur) ; la demande d'un jury spécialisé (refus d'assimiler les délits de presse à des infractions de droit commun).

Ce sont les linéaments des principes qui, un siècle plus tard, seront au fondement de la loi française sur la presse du 29 juillet 1881. Promulguée quand, après près d'un siècle d'insistance, la République fut enfin de retour en sa patrie, cette loi était politiquement libérale dans son inspiration et se révéla profondément démocratique dans sa jurisprudence. Faisant du directeur de publication le premier auteur responsable, elle protège l'exercice d'une liberté fondamentale qui, à ce titre, est en droit d'en bousculer d'autres au nom de l'intérêt général

– la légitimité du but poursuivi –, à condition d'une base factuelle suffisante – le sérieux de l'enquête –, d'un souci du pluralisme – le respect du contradictoire –, d'une prudence dans son énoncé – la modération dans l'expression – et d'un respect des personnes – l'absence d'animosité personnelle.

Le fait qu'en France, ces dernières années, des gouvernants aient manifesté leur volonté de remettre en cause cette loi démocratique, soit pour des motifs sécuritaires – les délits d'opinion en relation avec le terrorisme –, soit en prétextant du numérique – remettre la diffamation dans le droit commun – témoigne de la régression politique en cours. De ce point de vue, la lecture des cahiers de doléances prérévolutionnaires est rafraîchissante : notamment dans ceux du tiers état, la presse libre y est souvent définie à la fois comme une liberté individuelle et comme une protection collective.

Quelques exemples, parmi bien d'autres : « La liberté de la presse sera déclarée faire partie de la liberté personnelle » (Gardanne) ; « La liberté de la presse comme faisant partie de la liberté individuelle » (Peyrolles) ; « Que la liberté de la presse sera indéfiniment accordée, comme le seul moyen de faire parvenir à l'oreille des Rois les demandes et les plaintes de leurs sujets de tous les ordres » (Lorgues) ; « La nation ayant intérêt d'être avertie de tout ce qui pourrait porter atteinte aux principes constitutifs ou intéresser le bien public, il a été arrêté qu'on demandera la suppression des censures et la liberté de la presse » (Alençon).

Pour autant, cette liberté n'est pas une irresponsabilité. Ce qu'énonce fort clairement le cahier parisien du tiers état, fusion des cahiers issus des soixante districts de la capitale : « Par une suite de ces principes (liberté individuelle et abolition de la servitude), la liberté de la presse doit être accordée, sous la condition que les auteurs signeront leurs manuscrits, que l'imprimeur en répondra ; et que l'un ou l'autre seront responsables des suites de la publication. » Souligner la responsabilité de l'imprimeur, c'est en même temps admettre que des écrits puissent être publiés anonymement ou sous pseudonyme, mais à la condition que leur éditeur en réponde, assumant la publication en cas de litige.

À la manière d'un caillou dans une chaussure, qui empêche de marcher vite et droit, on trouve cependant dans nombre de cahiers de doléances le mot sur lequel la liberté de la presse va d'emblée trébucher. C'est une simple préposition : « sauf ». Dans plusieurs d'entre eux, à peine énoncée, elle est suivie de cette restriction : « sauf les conditions ou précautions nécessaires » (Vauhalland) ; « sauf les restrictions que pourront lui donner les États généraux » (Verrières) ; « sauf aux auteurs et imprimeurs à répondre des écrits répréhensibles » (Rochefort) ; « sauf les réserves à faire à cet égard par nos dits seigneurs » (Presle)...

Ce « sauf » est, à lui seul, la marque d'une réticence politique face à une liberté que l'on craint et dont on se méfie, avant même qu'elle ait eu le temps de s'épanouir. Les plus radicalement démocrates des contemporains le comprendront immédiatement quand, malheureusement, fin août 1789, il sera intégré à l'ultime formulation retenue pour énoncer ce droit fondamental dans la Déclaration des droits de l'homme et du citoyen. Il s'agit de son article XI : « La libre communication des pensées et des opinions est un des droits les plus précieux de l'homme ; tout citoyen peut donc parler, écrire, imprimer librement ; *sauf* à répondre de l'abus de cette liberté, dans les cas déterminés par la loi. »

Dans ce texte final, issu de journées de délibérations et de nombreux amendements, la liberté de la presse est la seule des libertés fondamentales dont la proclamation est accompagnée de cette restriction aussi explicite qu'insistante. Après tout, l'essentiel n'avait-il pas été dit dès l'article IV de la Déclaration ? Sinon l'expression d'une méfiance particulière, pourquoi ressentir le besoin d'y revenir ? « La liberté consiste à faire tout ce qui ne nuit pas à autrui, affirme cet article IV. Ainsi, l'exercice des droits naturels de chaque homme n'a de bornes que celles qui assurent aux autres membres de la société la jouissance de ces mêmes droits : ces bornes ne peuvent être déterminées que par la loi. »

Durable, l'empreinte de ce « sauf » n'est toujours pas effacée dans la tradition politique française. Ce traitement spécifique d'emblée réservé à la liberté de la presse inaugurait une longue durée de méfiance et de rejet qui, tout comme le sort réservé à la justice, témoigne d'une culture démocratique de faible intensité. De même qu'en France le pouvoir judiciaire est constitutionnellement ravalé au rang de simple « autorité », soumis en partie *via* le parquet au pouvoir exécutif, les pouvoirs législatif et exécutif s'y sentent d'une légitimité et d'une essence supérieures à tout contre-pouvoir, en particulier celui de la presse.

Loin de se sentir délégataires momentanés d'une vitalité démocratique dont les préalables sont les droits des individus – droit de se réunir, droit de s'exprimer, droit de pétitionner, droit de manifester, droit de s'informer, etc. –, ces deux pouvoirs s'estiment garants à eux seuls d'un ordre démocratique identifié à la puissance étatique, à ceux qui la gouvernent par le fruit de l'élection et à ceux qui l'administrent par le bénéfice de la fonction. Aggravé par le présidentialisme autoritaire de la Vᵉ République, un sentiment de propriétaire domine que redouble, depuis quelques décennies, la conquête du personnel politique par la haute fonction publique, issue de grandes écoles qui, de plus, facilitent sa contamination par le monde des affaires.

Entre la presse et l'État, c'est donc une vieille querelle qui n'est toujours pas vidée. De 1789 à 1794, les cinq années d'emballement révolutionnaire furent sans cesse traversées par la tentation, venue de tous bords selon les périodes, de remettre en cause la liberté de la presse et, à travers elle, la radicalité démocratique dont elle était l'expression. En somme, la bataille a commencé au premier jour de la proclamation de cette liberté, et c'est ce dont témoignaient les débats de la jeune municipalité parisienne, inquiète d'avoir elle-même libéré une puissance immaîtrisable.

Au lendemain de l'adoption de la Déclaration de 1789, Élisée Loustalot, que ses contemporains tenaient comme le meilleur des journalistes de son époque et qui, décédé de maladie en 1790 à seulement vingt-huit ans, sera trop tôt ravi à leur estime, ne s'était pas trompé sur la signification du « sauf » restrictif. « Nous avons rapidement passé de l'esclavage à la liberté ; nous marchons plus rapidement encore de la liberté à l'esclavage : on endort le peuple au bruit des louanges qu'on lui prodigue sur ses exploits, on l'amuse par des fêtes, des processions et des épaulettes », n'hésite-t-il pas à écrire, rabat-joie, dès le samedi 29 août 1789, dans le numéro 8 des *Révolutions de Paris*.

« Le premier soin, poursuit-il, de ceux qui aspireront à nous asservir sera de restreindre la liberté de la presse, ou même de l'étouffer ; et c'est malheureusement au sein de l'Assemblée nationale qu'est né ce principe adultérin : *Que nul ne peut être inquiété pour ses opinions, pourvu que leur manifestation ne trouble pas l'ordre public établi par la loi.* Cette condition est comme une courroie ; elle s'étend et se resserre à volonté : en vain l'opinion publique l'a-t-elle rejetée ; en vain assure-t-on qu'un grand nombre de députés la désapprouve hautement ; elle n'en servira pas moins à tout intrigant qui sera parvenu à un poste pour s'y maintenir ; on ne pourra ouvrir les yeux à ses concitoyens sur ce qu'il a été, sur ce qu'il a fait, sur ce qu'il veut faire, sans qu'il ne dise qu'on trouble l'*ordre public*. »

En exergue de ce numéro des *Révolutions de Paris*, Loustalot avait inscrit ces quelques mots : « Les grands ne nous paraissent grands / Que parce que nous sommes à genoux / Levons-nous… » Le conseil fut entendu, jusqu'à la condamnation à mort de Louis XVI et à la proclamation de la République. Et la question qui nous occupe portera la trace de cet entêtement. Ainsi, quatre ans plus tard, la seconde Déclaration des droits de l'homme, celle du 24 juin 1793, préambule de la Constitution de l'an I, cette première Constitution républicaine qui ne sera jamais appliquée, suspendue par la guerre et par la Terreur, va-t-elle affirmer une conception radicalement libérale de la liberté de la presse, sans restriction aucune, sans aucun « sauf ».

Il s'agit de son article VII : « Le droit de manifester sa pensée et ses opinions, soit par la voie de la presse, soit de toute autre manière, le droit de s'assembler paisiblement, le libre exercice des cultes, ne peuvent être interdits. La nécessité d'énoncer ces droits suppose ou la présence ou le souvenir récent du despotisme. » L'originalité de cet énoncé, c'est qu'il lie ensemble trois libertés, jugées fondamentales et mises sur le même plan : celle de s'exprimer, celle de s'assembler et celle de pratiquer une religion. Autrement dit le droit de défendre et de promouvoir ses opinions (dont sa croyance), fussent-elles minoritaires, dérangeantes ou contestataires.

Or cette formulation n'est autre qu'un décalque du premier amendement de la Constitution des États-Unis d'Amérique, adopté avec la Déclaration des droits, deux ans auparavant, le 15 décembre 1791. Le vent du large soufflait encore, relayant l'écho du monde. C'est en brandissant ce *First Amendment* que, jusqu'à nos jours, sont menées outre-Atlantique les batailles en défense de la liberté de la presse. « Le Congrès, stipule-t-il, n'adoptera aucune loi relative à l'établissement d'une religion, ou à l'interdiction de son libre exercice ; ou pour limiter la liberté d'expression, de la presse ou le droit des citoyens de se réunir pacifiquement ou d'adresser au gouvernement des pétitions pour obtenir réparations des torts subis. »

Quelles qu'en furent les limites pratiques lors de sa proclamation, la phrase de Bailly nous est donc léguée comme une promesse toujours inachevée, toujours recommencée. Un horizon, entre espérance et exigence. Une invitation à, sans cesse, en renouveler l'accomplissement. L'affirmation constitutionnelle, depuis 1945, que la République française est « démocratique et sociale » n'empêche pas cette injonction d'être régulièrement démentie dans les faits. Mais c'est un appel permanent à en relever le défi, en luttant pour donner une réalité aux mots. Il en va de même avec cette « publicité sauvegarde du peuple » dont la fortune immédiate excédait sans doute les intentions de son auteur.

La preuve en est qu'elle lui a immédiatement survécu, ce qui renforce le mystère du peu d'intérêt que lui ont accordé les historiens. Alors que Bailly a renoncé fin 1791 à toutes fonctions publiques, ayant quitté Paris et s'étant réfugié à Nantes, d'autres médailles furent frappées par la municipalité parisienne, destinées aux huissiers de l'Hôtel de Ville. Leur graveur, Pierre-François Palloy, entendait fêter la liberté nouvelle, comme il le précise dans le texte inscrit à leur revers : « Cette médaille provient des chaînes de la Bastille présentée à la municipalité de Paris le 14 juillet l'an IV de la liberté par Palloy patriote. » Le musée Carnavalet, qui à Paris en détient un exemplaire, les date du 14 juillet 1792 soit le jour où commençait la quatrième année révolutionnaire.

Le médaillon porté par les huissiers de la mairie de Paris en 1792-1793. © Pierre-François Palloy, Paris Musées, musée Carnavalet.

© Pierre-François Palloy, Paris Musées, musée Carnavalet.
« Cette médaille provient des chaînes de la Bastille présentée à la municipalité de Paris le 14 juillet l'an IV de la liberté par Palloy patriote. »

Toujours est-il que ces « huissiers de la maison commune », comme les dénomme la médaille, y sont placés sous la protection et la recommandation des mots suivants : « Publicité Responsabilité Sauvegarde du Peuple ». Les mots de Bailly.

3.

Le fronton de la mairie

Cette enquête historique n'est pas seulement un voyage dans le temps. Elle se promène aussi dans l'espace, traversant les frontières géographiques. C'est en effet un autre hôtel de ville que celui de Paris, la ville dont il fut le premier maire, qui a gardé le souvenir de la formule de Bailly : celui d'une ville belge, étrangère selon le critère des nationalités et, pourtant, autrement familière de l'histoire française. Depuis 1830, soit près de deux siècles, le fronton de la mairie de Verviers affiche avec fierté les mots suivants : « Publicité Sauvegarde du Peuple ».

Je suis tombé dessus par l'un de ces hasards objectifs déjà évoqués, ces rencontres magiques qu'organisent des dieux mystérieux, glissant un peu de poésie dans nos curiosités prosaïques. C'était au printemps 2018, lors de ma première découverte de cette ville attachante, en Wallonie, dans la

L'hôtel de ville de Verviers en Belgique, photographié en 2019. © E. P.

province de Liège, à l'est de la Belgique, région enchâssée entre Pays-Bas, Allemagne et Luxembourg. Je revenais à pied d'une inauguration, dans le quartier de l'Abattoir, celle d'une grande fresque murale librement inspirée d'un de mes livres, paru en 2016, *Dire nous*. Il s'agissait de la cinquième fresque d'un vaste projet initié par l'un des échevins de la municipalité, Malik Ben Achour, élu socialiste devenu depuis député fédéral.

Agrandissement du fronton de l'hôtel de ville de Verviers avec sa devise. © E. P.

La Ville de Verviers, mais aussi sa Maison des jeunes des Récollets, son Centre culturel et son Centre régional pour l'intégration, se sont librement emparés du contenu de cet essai dont le sous-titre résumait le propos : « Contre les peurs et les haines, nos causes communes ». Le 15 janvier 2015, soit une semaine après les attentats parisiens de *Charlie Hebdo* et de l'Hyper Cacher, Verviers avait vécu un épisode sécuritaire très violent avec le démantèlement d'une cellule djihadiste sur le point de commettre des actions terroristes commanditées par l'État islamique. Tué par la suite à Saint-Denis, en

France, l'un de ses membres qui avait réchappé de l'assaut verviétois fut l'un des responsables des attentats de Paris du 13 novembre 2015.

Ancienne gloire des premières révolutions industrielles, alors centre mondial de l'industrie lainière, au cœur de l'expansion capitaliste européenne et de l'émergence du mouvement ouvrier et, de ce fait, héritière d'une riche histoire économique et sociale, Verviers cherche aujourd'hui à se réinventer, en faisant force de sa diversité – on y compte plus d'une centaine de nationalités. À mon insu, dans une sorte d'échappée belle qui transforme les écrits en actes, les mots de *Dire nous* ont rencontré cette attente politique, prenant vie et force imagées et colorées sur les murs de la ville.

Plaidoyer pour l'égalité, sans distinction d'origine, de condition ou d'apparence, d'appartenance ou de croyance, de sexe ou de genre, ce livre entendait lutter sur deux fronts. C'était un appel à « éviter le désastre où nous entraîne une politique de la peur qui se sert du terrorisme comme d'un alibi pour nous congédier, mettre en panne notre démocratie, mettre en cause nos libertés, mettre en péril notre sécurité ». Mais, dans le même mouvement, c'était aussi une invite à « ne pas tomber dans le piège tendu par des idéologies totalitaires dont les crimes sont une provocation à la haine afin de nous entraîner dans une guerre des mondes d'où toute civilisation sera bannie ».

« Dire nous, avais-je alors écrit, pour partir en quête d'un horizon des possibles en faisant chemin tous ensemble, dans le souci des plus fragiles et des moins protégés, des moins habiles et des plus exploités. Dire nous pour inventer un nouvel imaginaire qui nous élève et nous relève, en nous extirpant du marécage où macèrent nos divisions, nos rancœurs, nos ressentiments. Dire nous pour cesser de dire eux contre nous, nous contre eux, notre nous contre le leur, dans une guerre sans fin dont nous serons tous les victimes, nous comme eux. Dire nous, donc, pour inventer tous ensemble le oui qui nous manque, celui d'un peuple réuni dans sa diversité et sa pluralité autour de l'urgence de l'essentiel : la dignité de l'Homme, le souci du Monde, la survie de la Terre. »

Des mots qui, au spectacle de la France d'aujourd'hui, me semblent toujours plus pertinents, quatre ans après avoir été imprimés. On le sait, nul n'est prophète en son pays. Invitation à la modestie et à l'humilité, la recommandation est ancienne, remontant aux Évangiles. Dans mon cas, cette résonance complice dans un pays voisin fut un formidable cadeau dont le caractère surprenant s'est doublé d'une surprise encore plus inattendue, la découverte de la formule de 1789 au fronton de la mairie. Comment les mots de Bailly avaient-ils passé la frontière franco-belge, jusqu'à devenir, à Verviers, la devise de la ville alors qu'ils étaient égarés, oubliés ou méconnus, à Paris, celle où ils avaient été prononcés pour la première fois ?

Soudainement, mon investigation se dédoublait, ouvrant une piste belge alors même que mes recherches françaises butaient sur un obstacle. Ayant commencé à enquêter sur la phrase de Bailly, j'avais fini par désespérer de réussir à en découvrir l'origine exacte. J'avais beau en dénicher de nombreuses occurrences, je ne parvenais pas à remonter jusqu'à sa source première : cette phrase que tous ses contemporains attribuaient naturellement à ce savant académicien devenu homme politique, quand avait-elle été dite pour la première fois ? Quel était le contexte précis de sa formulation originelle ? À quel propos et dans quelles circonstances Bailly avait-il prononcé ces mots qui resteront comme sa seule parole historique ?

Tout au plus avais-je pu collationner quelques-unes de leurs mentions dans la presse révolutionnaire qui confirmaient leur immédiate popularité. Le 13 novembre 1789, au détour d'un article peu décisif, le *Journal général de la cour et de la ville* glissait ainsi ce rappel : « Car, suivant M. Bailly, et tous les braves et bons citoyens, la publicité est la sauvegarde de la liberté du peuple. » En mars 1791, dans le *Journal général de France* de l'abbé de Fontenai et dans le *Journal des États généraux convoqués par Louis XVI*, on trouvait la mention d'une intervention de Robespierre faisant explicitement référence à la phrase de Bailly. « M. Robespierre désire qu'on ajoute que la publicité étant la sauvegarde du peuple, les séances des corps administratifs seront tenues publiquement », résumait le premier au style indirect, quand le second le citait directement : « Vous savez que la publicité est en même temps un droit du peuple et la sauvegarde de la liberté. Je demande en conséquence que les séances des corps administratifs soient publiques. »

Dans le *Courrier extraordinaire ou le premier arrivé* du 7 août 1791, la dénonciation du cambriolage d'un château dans les Ardennes était introduite par la phrase exacte, imprimée en italique : « *La publicité est la sauvegarde du peuple.* » Dans *Le Logographe* du 23 novembre 1791, rendant compte d'un débat à l'Assemblée nationale sur les troubles religieux et les prêtres réfractaires, l'intervention de Brissot, futur chef de file des Girondins et déjà en désaccord frontal avec Robespierre, évoquait elle aussi la formulation de Bailly : « Si la publicité est la meilleure sauvegarde de la liberté, c'est encore la meilleure sauvegarde de la justice. »

À la date du 13 juillet 1793, le *Thermomètre du jour* mentionnait la mise en état d'arrestation de Francisco de Miranda, combattant de Valmy et futur héros de l'indépendance vénézuélienne, qui demandait à être entendu par la Convention nationale et non par le seul Comité de salut public. Un député natif de Québec, Jean-Jacques Bréard, soutint sa demande : « Bréard, dit l'article, a rappelé cet axiome : la publicité est la sauvegarde du peuple. » Résultat : « On a décrété en conséquence que Miranda serait entendu à la barre. » Bref, initialement formulé par Bailly, le rappel de ce droit fondamental avait pris la tournure d'une expression commune.

Même quand le secret était sur le point de prendre sa revanche, quand l'ascension de Bonaparte s'apprêtait à congédier durablement la liberté de la presse, on la croisait encore, insistante et persistante. Par exemple, le 28 mars 1796, *Le Censeur des journaux* racontait une séance du Conseil des Cinq-Cents où l'on demandait au Directoire « une explication franche sur les démarches faites et les propositions reçues » à propos de « bruits de paix et de guerre ». Jugeant cette mesure « détestable », car compromettante pour le succès des négociations diplomatiques, le rédacteur anonyme ajoutait : « Ce n'est pas ici le cas de répéter la fameuse maxime que *la publicité est la sauvegarde du peuple* [les mots sont imprimés en italique] ; car il ne faut pas confondre, comme on l'a fait trop souvent, la publicité des résultats avec celle des moyens. »

Cette même année 1796, le modéré Boissy d'Anglas, symbole de la revanche des propriétaires sur le peuple insurgé, tentait une ultime et vaine défense de la liberté de la presse devant le Conseil des Cinq-Cents. « Sans la publicité qu'elle assure aux opérations du gouvernement, aux actes de la législation, le système représentatif lui-même ne serait qu'une tyrannie », déclarait-il le 18 mars 1796 selon le compte rendu du *Républicain français*. Rebelote le 16 décembre où, selon *L'Ami des lois*, il lançait à l'assemblée : « Représentants du peuple, la publicité de vos séances est votre sauvegarde et votre seule garantie contre les entreprises du pouvoir. »

En somme, l'association de ces trois mots, publicité, sauvegarde et peuple, était devenue ce que les linguistes nomment un syntagme figé, comme le serait un proverbe. J'en ai même retrouvé un écho plus proche au détour d'un article du *Petit Parisien*, à la date du 18 juin 1886, sous la IIIe République. Plaidant pour que soient rendus publics les procès-verbaux du conseil de l'Assistance publique de Paris, ce court éditorial se terminait ainsi : « Dans un pays de suffrage universel comme le nôtre, il ne faut pas oublier que la publicité est la sauvegarde des intérêts du peuple. »

Mais, si elles en confirmaient l'empreinte durable, toutes ces citations de presse ne me disaient toujours pas d'où avait surgi cette phrase ni pourquoi elle était attribuée à Bailly. C'est alors que l'une d'entre elles m'apporta un indice décisif : une date. Ce journal s'appelait *L'Observateur* et fut l'un des tout premiers à paraître dès le début de la Révolution, à partir du 1er août 1789, selon un rythme trihebdomadaire. Proche de Choderlos de Laclos, l'auteur des *Liaisons dangereuses* qu'il fréquentait à la Société des amis de la Constitution, son principal animateur était Gabriel Feydel, l'une des figures de la presse des temps révolutionnaires, érudit et grammairien, à la plume facile et maîtrisant l'art du scandale.

À partir de son sixième numéro, *L'Observateur* porta cette mention en exergue, placée en dessous de son titre, que je reproduis en respectant sa typographie : « La publicité est la sauve-garde du Peuple. Proclamation du 13 Août, signée Bailly, Maire. » Le numéro n'a pas de date précise mais il est certainement de la troisième semaine du même mois puisque, dès le numéro 4 du journal, on trouvait en dernière page cette précision :

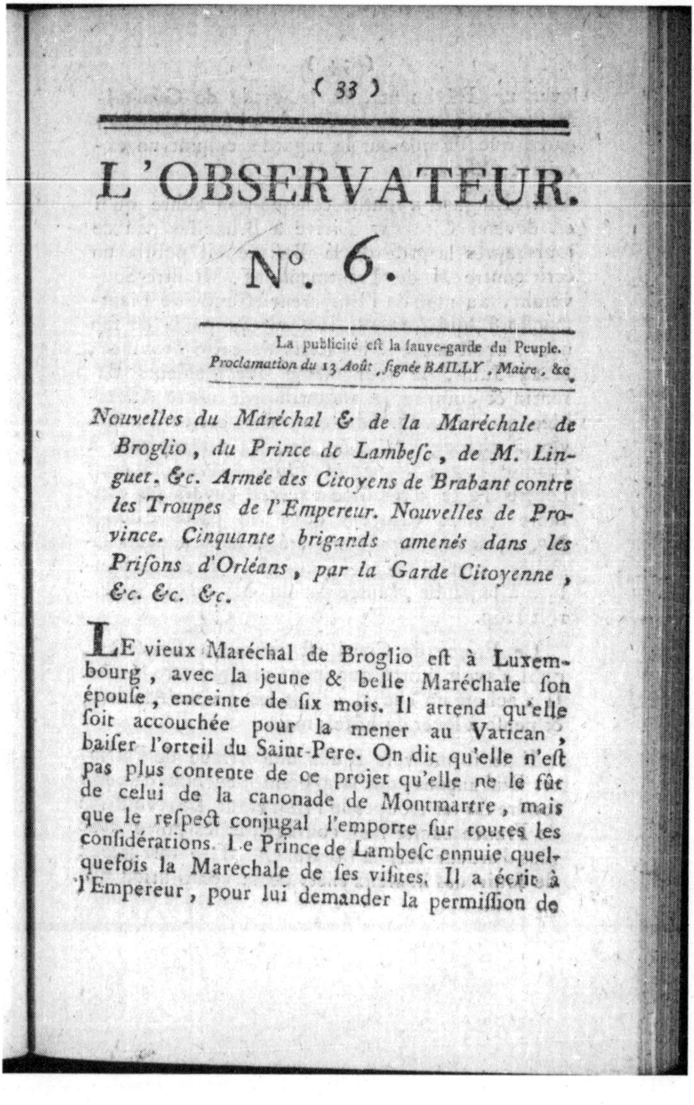

(33)

L'OBSERVATEUR.

N°. 6.

La publicité est la sauve-garde du Peuple.
Proclamation du 13 Août, signée BAILLY, Maire, &c.

Nouvelles du Maréchal & de la Maréchale de Broglio, du Prince de Lambesc, de M. Linguet, &c. Armée des Citoyens de Brabant contre les Troupes de l'Empereur. Nouvelles de Province. Cinquante brigands amenés dans les Prisons d'Orléans, par la Garde Citoyenne, &c. &c. &c.

LE vieux Maréchal de Broglio est à Luxembourg, avec la jeune & belle Maréchale son épouse, enceinte de six mois. Il attend qu'elle soit accouchée pour la mener au Vatican, baiser l'orteil du Saint-Pere. On dit qu'elle n'est pas plus contente de ce projet qu'elle ne le fût de celui de la canonade de Montmartre, mais que le respect conjugal l'emporte sur toutes les considérations. Le Prince de Lambesc ennuie quelquefois la Marechale de ses visites. Il a écrit à l'Empereur, pour lui demander la permission de

La première page du sixième numéro de L'Observateur, *paru à la mi-août 1789. © Retro News, le site de la BnF.*

« Le Comité de police à l'Hôtel de Ville permet la libre circulation de la feuille intitulée *L'Observateur* en se conformant au règlement qui oblige de mettre à chaque exemplaire le nom de l'imprimeur ou du libraire. Ce 14 août 1789. Dumangin, président. » J'aurais bien envie de m'appesantir sur la vie pleine de rebondissements, et parfois de mystères, de ce Jean-Baptiste Dumangin, bref président du Comité de police parisien, médecin de son état, mais ce n'est pas le lieu, encore moins mon sujet…

Une information n'est bonne que si elle est recoupée. Dans ce cas précis, ce fut peut-être un simple copier-coller. Cette date du 13 août est en effet mentionnée par un autre journal, *L'Ami du peuple ou le vrai citoyen*, éphémère contrefaçon du journal de Marat, lequel ne manquera pas de dénoncer cette imposture, éditée par un certain Jourdain de Saint-Ferjeux. Il n'ira pas au-delà du mois d'octobre 1789, mais l'on y lit, en guise de permis, à la fin des numéros VI-VII, la même mention que dans *L'Observateur* : « La publicité est la sauvegarde du peuple. Proclamation du 13 août ; signé Bailly, maire. »

Je croyais être tout près du but. Il n'en était rien. Me précipitant *illico* sur les procès-verbaux de l'Assemblée des représentants de la Commune de Paris, je n'y ai trouvé, à la date du 13 août 1789, aucune référence, aucune évocation, aucun débat qui, même du bout des lèvres, ait été en lien avec l'objet de ma recherche, ces simples mots : « La publicité est la sauvegarde du peuple. » Il y eut deux séances de ce jour-là, c'était un jeudi, l'une le matin, l'autre le soir. Et Jean-Sylvain Bailly n'a participé à aucune d'entre elles.

Celle du matin commença par des compliments à La Fayette dont les propositions pour la composition de l'état-major de la Garde nationale furent approuvées. Elle se poursuivit par l'examen du cas d'une célébrité, qui le restera pour la postérité : Beaumarchais, l'auteur du *Barbier de Séville* et du *Mariage de Figaro*. Le district des Blancs-Manteaux lui reprochait de ne pas en supporter les charges, alors qu'il y était domicilié, au prétexte « d'une mutation feinte de son domicile dans sa maison du faubourg Saint-Antoine, qui est dans le district de Sainte-Marguerite ». District de Sainte-Marguerite dont Caron de Beaumarchais s'était fait élire représentant, le 3 août. Après avoir entendu les parties, l'Assemblée décida que Beaumarchais relevait bien de ce dernier district, celui où, de nos jours, trône toujours sa statue, non loin de la place de la Bastille.

Puis la Loterie nationale vint proposer à la Commune de Paris l'usage gratuit de ses presses, offre refusée par crainte que le contrôle de l'impression des actes publics n'échappât à la municipalité. Sur ces entrefaites, un particulier s'avança pour réclamer la restitution de huit fusils saisis dans son château, près de Senlis, tandis que Beaumarchais, forçant l'avantage, revenait en séance pour demander l'autorisation d'imprimer et d'afficher la décision rendue en sa faveur qui mettait fin aux « délations calomnieuses d'accaparement » répandues sur son compte par ses « ennemis personnels ».

Enfin, après des questions de tranquillité publique dans divers quartiers, l'Assemblée évoqua un sujet social, autrement sensible et explosif : la contestation de l'arrêté qu'elle avait pris « pour diminuer le prix de la journée des ouvriers employés dans les ateliers de Montmartre ». Sa décision fut un recul provisoire : « L'Assemblée, informée de la fermentation que cet arrêté excitait, a cru qu'il était de son devoir de faire céder l'économie à la paix, et a arrêté qu'il serait sursis, pour quelques jours, à l'exécution de son arrêté. » Cette séance matinale se termina par la récompense accordée à neuf hommes « qui se sont distingués à l'attaque et à la conquête de la Bastille », opération qui se renouvela fréquemment tant cette reconnaissance patriotique pouvait entraîner une amélioration des conditions matérielles.

Cette énumération, qui illustre la diversité des tâches de la nouvelle municipalité révolutionnaire, montre aussi combien les historiens, fouillant le passé, tout comme les journalistes, investiguant le présent, ont en commun de chercher des aiguilles dans des bottes de foin. Les pépites que recèlent les archives, dossiers ou fichiers qu'ils inventorient ne s'offrent pas si facilement. À cette aune, la séance du soir de ce jeudi 13 août 1789, tenue toujours en l'absence de Bailly, ne fut guère plus fructueuse pour mon enquête. On y évoqua des rumeurs de fermeture de la Bourse, une émeute rapidement apaisée à Belleville, le signalement de quelques étrangers suspects, de nouveau des citoyens méritants pour la prise de la Bastille, etc. Mais rien qui concernât la publicité, sauvegarde du peuple.

Pourtant il y fut bien question de presse. C'était à propos d'un particulier « qui s'était permis des propos peu décents, à raison d'un refus qui lui avait été fait de la permission d'imprimer un journal ». Ledit particulier est appelé Marie dans le compte rendu, mais il s'agit en fait de Marat, futur créateur de *L'Ami du peuple*, qui ne s'était pas encore fait un nom et dont cet incident inaugura la bataille sans pitié qu'il allait mener contre la municipalité parisienne et le modérantisme de Bailly. Car, tout en lui faisant observer « que cette permission était inutile », l'Assemblée ordonna l'arrestation de Marat et le fit déférer devant elle. Sa décision finale fut une sorte de sermon qui n'a pu qu'humilier ce médecin original et fantasque, venu du canton suisse de Neuchâtel après avoir vécu en Angleterre, où il s'était fait connaître, dès 1774, en y publiant *The Chains of Slavery*, en français *Les Chaînes de l'esclavage.*

La virulence en plus, Marat s'inscrit dans le sillage de Rousseau, déployant la célèbre formule du *Contrat social* : « L'homme est né libre, et partout il est dans les fers. » En épigraphe des *Chaînes de l'esclavage*, le Neuchâtelois avait repris la devise du Genevois : *Vitam impendere vero*, soit « Consacrer sa vie à la vérité ». Son livre est, par avance, une défense de cet « œil du peuple » qu'il revendiqua comme le symbole d'une nécessaire vigilance face aux gouvernants et aux représentants, toujours en risque de devenir les obligés et les protecteurs d'intérêts particuliers. « Pour rester libre, écrit-il, il faut être sans cesse en garde contre ceux qui gouvernent : rien de plus aisé que de perdre celui qui est sans défiance ; et la trop grande sécurité des peuples est toujours l'avant-coureur de leur servitude. »

L'originalité de Marat, c'est qu'il ne se contente pas de défendre le contre-pouvoir de la presse, la nécessité de ses vigilances et de ses défiances. Il y ajoute une théorie radicale de la démocratie comme lieu d'un conflit créateur, sans cesse renouvelée et enrichie par les revendications qui s'y expriment. Un conflit dont il assume d'emblée qu'il puisse aller jusqu'à l'insurrection si ceux qui gouvernent se dérobent à sa vitalité.

« Le plus grand malheur qui puisse arriver à un État libre, où le prince est puissant et entreprenant, affirme-t-il quinze ans avant 1789, c'est qu'il n'y ait ni discussions publiques, ni effervescence, ni partis. Tout est perdu, quand le peuple devient de sang-froid et que, sans s'inquiéter de la conservation de ses droits, il ne prend plus part aux affaires ; au lieu qu'on voit la liberté sortir sans cesse des feux de la sédition. »

Face à ce séditieux revendiqué, qui appelait aux désordres qu'elle entendait éviter et qu'elle finira par réprimer en 1791, l'autorité municipale ne pouvait qu'être méfiante. Aussi le texte fort détaillé de la Commune de Paris en réponse à Marat mérite-t-il d'être cité en son entier, tant il exprime les contradictions de la liberté naissante face à l'impossibilité de la contraindre et, en même temps, à la crainte qu'elle ne déborde et ne subvertisse.

Quel est le plus grand danger pour la sauvegarde des peuples : l'excès d'une liberté pacifique ou l'excès d'un ordre violent ? Le désaccord, dès lors frontal, entre la municipalité parisienne et le polémiste Marat témoigne de cette tension sans âge entre l'acceptation consciente d'une injustice pour faire cesser le désordre et le refus prioritaire de l'injustice qui est à la source de ce même désordre.

On fit donc rentrer Jean-Paul Marat pour que le président de séance lui lise la réponse arrêtée par l'Assemblée, remontrance qu'il ne pouvait entendre que comme une déclaration de guerre. En effet, on lui faisait savoir que, si on ne pouvait l'empêcher de publier, ce n'en serait pas moins à ses risques et périls s'il abusait inconsidérément de cette liberté. Non dénué d'hypocrisie, le sous-texte de ce rappel à l'ordre était que le journal de Marat, qui s'appelait alors *Le Publiciste parisien* et ne deviendra *L'Ami du peuple* qu'en septembre 1789, avait déjà beaucoup de difficultés à trouver un imprimeur.

> L'Assemblée, déclara donc le président qui suppléait le maire absent, m'ordonne de vous éclairer sur l'erreur dans laquelle l'enthousiasme du bien public vous a entraîné. Vous confondez la permission d'imprimer, qui dans le fait existe par cela seul qu'on ne s'y oppose pas, avec une autorisation spéciale qui résulterait de la décision du Comité [de police],

et qu'il ne peut être contraint à vous donner, comme on ne peut contraindre aucun imprimeur d'imprimer malgré lui. Nous louons le zèle qui vous porte à tout sacrifier, pour ce que vous croyez intéressant au bien public ; mais nous ne pouvons pas nous empêcher de condamner au moins comme indiscrète la prétention d'un citoyen qui entreprendrait de faire prévaloir son opinion et sa volonté contre celle d'une Assemblée que la patrie a spécialement honorée de sa confiance et chargée de veiller à ses intérêts les plus sacrés. Cette indiscrétion deviendrait un crime s'il se permettait des dénonciations qui exposeraient aux violences des personnes peu éclairées, des citoyens consacrés, par ses vœux comme par devoir, au maintien des lois et du bonheur de leur patrie. Nous espérons, monsieur, que vous vous conformerez aux principes, et nous vous exhortons à ne pas vous laisser séduire par l'apparence du bien, à vous souvenir, dans toutes vos démarches, que le bonheur public repose sur les bases de la sagesse, toujours modérée, et sur la subordination de tout particulier à la volonté générale, qui est la seule loi de tous les lieux et de tous les temps.

C'est peu dire que je me suis heurté, dès lors, à une impasse. Cherchant, à la date du 13 août 1789, les circonstances de la proclamation d'une formule dont l'énoncé me semblait avoir libéré les énergies d'une démocratie radicale, j'étais finalement tombé sur un réquisitoire d'en haut sermonnant la révolte d'en bas. Le texte de l'Assemblée des représentants de la Commune de Paris est un discours de propriétaires du bien public, au nom de l'autorité conférée par une délégation de pouvoir dont toute contestation vaudrait remise en cause de la volonté générale.

Nous voici bien loin de l'idéal démocratique d'une liberté de la presse donnant droit aux protestations minoritaires, aux revendications dérangeantes ou aux causes perdues. Au-delà de la personnalité de Marat, de ses emportements et de son âpreté, le conflit entre « l'Ami du peuple » et la municipalité parisienne, qui connaîtra de nouveaux rebondissements dès le 25 septembre 1789, est la scène inaugurale d'un affrontement récurrent entre deux visions de la démocratie. L'une qui la borne et la contient, la résumant et la réduisant à la légitimité de l'ordre issu du vote et de l'élection. L'autre qui l'étend et l'encourage, la stimulant et l'activant grâce aux désordres dynamiques d'un espace public pluraliste.

Les tenants de la première conception auront régulièrement le désir de contrôler, soumettre ou enrégimenter la profession qui leur semble le feu follet irresponsable de la seconde : le journalisme. En 1789, il reste une grosse décennie avant que l'un des plus notables assassins de la liberté de la presse, Napoléon Bonaparte, ait à ce propos des mots définitifs : « La presse doit, entre les mains du gouvernement, devenir un puissant auxiliaire pour faire parvenir dans les coins de l'Empire les saines doctrines et les bons principes. L'abandonner à elle-même, c'est s'endormir à côté d'un danger. » Quand elle ne les emprisonne pas ni ne les assassine, sa postérité, variée et innombrable, rêve encore d'enfermer celles et ceux faisant profession d'informer et d'alerter dans un « ordre des journalistes » qui, enfin, les discipline.

J'en étais là, l'enthousiasme en berne, quand Verviers est venu à mon secours. Cette échappée belge m'a remonté le moral en me rassurant sur la radicalité intacte de la formule de Bailly, au-delà des frilosités et des précautions de son auteur. Reconstituant le cheminement qui l'a amenée à se retrouver au fronton de la mairie, j'ai eu le bonheur de rencontrer son souffle révolutionnaire d'origine, dans une variante qui dépassait toutes mes attentes.

C'est en effet une révolution qui a propulsé les mots de Bailly en devise d'une ville belge : celle qui, en 1830, a enfanté la Belgique comme État-nation. Le feu partit de Bruxelles qui, les 25 et 26 août, se révolta contre la domination hollandaise, puis l'incendie gagna rapidement Liège, Namur, Verviers, etc. Le 29 septembre, les provinces belges firent sécession du royaume des Pays-Bas ; le 4 octobre, l'indépendance de la Belgique fut proclamée à Bruxelles et un Congrès national convoqué ; indépendance qu'une fois réuni ledit Congrès national confirma officiellement le 18 novembre.

À Verviers, un homme fut l'acteur central de ce basculement, accompagnant, un peu à la manière de Bailly, le tumulte pour essayer de le canaliser : Pierre David, immédiatement choisi comme bourgmestre de la ville. Âgé de cinquante-neuf ans, industriel, fortuné, libre-penseur, républicain de conviction, « réunioniste » comme l'on disait alors, c'est-à-dire partisan d'un rattachement à la France, ce n'était pas un novice en politique. Il avait déjà occupé des fonctions communales et, surtout, dès sa jeunesse, il connut les emballements révolutionnaires qui accompagnèrent les événements français, prolongés par l'annexion durable de la principauté de Liège à la France, jusqu'à la chute de Napoléon en 1814.

Effaçant les armoiries du royaume des Pays-Bas, l'inscription de la devise « Publicité, sauvegarde du peuple » sur le tympan de l'hôtel de ville fut l'un de ses premiers actes de bourgmestre. Elle découlait du discours qu'il prononça le jour de sa prise de fonction, tel qu'il est retranscrit dans le procès-verbal du conseil de régence (le conseil municipal) du 29 octobre 1830. Sans trop s'embarrasser d'un long débat et d'avis contraire, il y donna communication du « projet » qu'il avait déjà fait insérer dans l'édition parue le matin même du seul journal local, *Le Journal de Verviers et du district*.

« Le bourgmestre de la ville de Verviers, pouvait-on y lire, considérant que les mandataires d'un peuple libre doivent être jaloux de faire connaître à leurs concitoyens la manière dont ils traitent leurs intérêts ; que cette publicité est utile sous tous les gouvernements, et à plus forte raison dans une république, qui est la forme la plus heureuse et à laquelle nous avons le bonheur d'être arrivés ; qu'elle est utile encore, sous plusieurs rapports, principalement pour former des administrateurs, des bons citoyens, à vivifier l'esprit public ; arrête en principe : les séances de la nouvelle régence seront publiques. »

Pour la forme, le « projet » fut soumis à l'approbation de la régence, qui décida « à l'unanimité » sa mise à exécution « tel qu'il a été proposé par son président », et à celle de la commission de sûreté, qui fut plus prolixe : « La commission de sûreté publique est d'avis que la publicité étant de l'essence de tout gouvernement libre, qu'elle est un corollaire des élections populaires, et que le projet de M. David mérite de se trouver en tête des actes d'un administrateur aussi éminemment libéral. » Non seulement en tête des actes mais au sommet de la mairie elle-même. Au secret d'une gouvernance monarchique succédait ainsi la publicité d'une administration que David voulait républicaine.

La vérité oblige à dire que son « projet » autorisait le bourgmestre à « faire déclarer la séance en comité secret » s'il le jugeait nécessaire tandis qu'au nom d'un suffrage encore censitaire seule était acceptée la présence des électeurs « payant cinquante florins ». Cependant David n'abusa guère de cette prérogative, n'hésitant pas à donner lecture publique du budget de la ville et allant jusqu'à écrire au *Journal de Verviers* pour se plaindre de l'absence aux séances de ses rédacteurs qui, du coup, privait les lecteurs de la publicité revendiquée. « Aucun comité secret n'a encore eu lieu sous ma présidence, écrit-il dans l'édition des 3 et 4 janvier 1831, et je ne vois pas de raison d'en faire usage, parce que toute administration libérale ne doit rien avoir à cacher aux administrés. »

À la mort accidentelle de Pierre David, le 30 juin 1839, il fut abondamment rappelé que la ville lui devait sa devise. Restait à savoir comment lui en était venue la formulation, copier-coller de la formule de Bailly. Pour trouver, disent les enquêteurs, il faut savoir ce que l'on cherche, quitte à devoir faire demi-tour quand la piste se révèle fausse. En langage de police judiciaire, on appelle cela « fermer une porte ». En l'occurrence, mon hypothèse était erronée mais séduisante tant la chronologie y invitait.

En Europe, 1830 fut une répétition générale du Printemps des peuples de 1848. Commencée par la reconnaissance de l'indépendance de la Grèce, l'année fut traversée de soulèvements non seulement en Belgique mais en Allemagne, en Angleterre, en Suisse, en Pologne. Sans compter le plus notable d'entre eux : les Trois Glorieuses françaises des 27, 28 et 29 juillet qui firent tomber Charles X, remplacé par Louis-Philippe, reprenant le titre de « roi des Français » qui avait été brièvement celui de Louis XVI durant l'éphémère monarchie constitutionnelle. À l'automne 1830, pendant que Verviers s'adonne à la « Publicité, sauvegarde du peuple », Delacroix peignait sa *Liberté guidant le peuple* qui, de nos jours encore, accompagne l'iconographie des révoltes populaires.

Or c'est la liberté de la presse qui fut l'argument des Trois Glorieuses, la raison de l'émeute et la cause du sacrifice – les restes d'environ cinq cents combattants de ces journées reposent dans une crypte sous la colonne de Juillet, dressée depuis au milieu de la place de la Bastille à Paris. « La liberté de la presse périodique est suspendue » : l'article premier de l'ordonnance signée par Charles X, le 25 juillet 1830, fut l'étincelle qui enflamma les colères accumulées contre la Restauration monarchique. Le rapport au roi du prince de Polignac, le président du Conseil des ministres, qui en précéda et en motiva la signature, vaut le détour tant on y retrouve, par-delà son contexte historique, les arguments éternels des pouvoirs certains de détenir seuls la vérité. Il suffirait de quelques ajustements pour qu'on y entende des appels français contemporains à museler la voix du peuple et à juguler sa sauvegarde, une presse libre.

Tout va bien, tout n'a même jamais été aussi bien, mais ils ne veulent pas l'entendre, sourds à la comprenette et toujours plus gourmands. Ce résumé est à peine une caricature. « Malgré une prospérité matérielle dont nos annales n'avaient jamais offert d'exemple, des signes de désorganisation et des symptômes d'anarchie se manifestent dans presque tous les points du royaume », commençait par asséner Polignac avant d'ajouter : « De toute part, on demande au présent des gages pour l'avenir. » Cause de ce mal ? La liberté d'une presse qui « ne tend pas moins qu'à subjuguer la souveraineté et à envahir les pouvoirs de l'État ». « Nulle force, il faut l'avouer, n'est capable de résister à un dissolvant aussi énergique que la presse, conclut le rapport. À toutes les époques où elle s'est dégagée de ses entraves, elle a fait irruption, invasion dans l'État. »

Révolte contre le retour du secret et de la censure, le 1830 français fut une révolution confisquée, sinon trahie, notamment par des journalistes puisque certains de ses protagonistes, Adolphe Thiers au premier chef, futur massacreur de la Commune de 1871, deviendront des figures honnies du conservatisme social. Mais se pouvait-il que ce soulèvement populaire ait exhumé la formule de Bailly, la brandissant comme l'oriflamme de sa révolte démocratique ? Et que Pierre David l'ayant appris, la découvrant par exemple dans les correspondances parisiennes publiées par *Le Journal de Verviers*, voulût en la reprenant faire écho aux Trois Glorieuses parisiennes ? Aux archives municipales, j'ai donc épluché la collection du journal dont les éditions accordaient souvent plus d'importance à la conquête coloniale de l'Algérie, commencée en juin, qu'aux événements parisiens.

Peine perdue, tant mon hypothèse était une gamberge prétentieuse de grand Français méprisant le génie des petites nations. Nulle part de « Publicité, sauvegarde du peuple » dans les remous hexagonaux de 1830 sinon, bien longtemps après, dans la bouche du nouveau monarque qui en fut le bénéficiaire. J'ai trouvé ce sarcasme dans *Le Moniteur universel* du 3 janvier 1842 qui rend compte des vœux des corps constitués au roi, dont le cérémonial n'a guère changé sous l'actuelle république monarchique française.

Dans sa réponse au premier président de la Cour des comptes, Louis-Philippe se posa en défenseur de la société face aux factieux dont les complots devaient être démasqués – notoirement celui de Louis-Napoléon Bonaparte, le futur Napoléon III, alors emprisonné au fort de Ham après sa pauvre tentative, en août 1840, de soulèvement de la garnison de Boulogne-sur-Mer. Et c'est alors qu'il s'empara de la formule de Bailly pour la détourner à son profit : « Un journal, tristement célèbre dans les annales de la révolution de 1789, avait pris pour épigraphe : *La publicité est la sauvegarde du Peuple* ; ce mot, alors dirigé contre l'ordre et les lois, vient de recevoir, dans l'intérêt des lois et de l'ordre, une éclatante application. »

Si elle prouvait la persistance du souvenir de la formule qui était inscrite en première page de *L'Observateur*, et du scandale qu'elle avait constitué pour les tenants de l'Ancien Régime, il n'y avait guère, dans cette trouvaille, que la confirmation que j'avais fait fausse route : la présence de ces mots au fronton de l'hôtel de ville de Verviers ne devait rien à la France. Ou, plutôt, tout à la Belgique, plus précisément au Franchimont. Loin du rebond d'une histoire française, c'était en effet l'aboutissement d'une authentique histoire belge qui supporte facilement la comparaison en potentialités démocratiques, universelles et radicales.

Voici donc l'histoire, injustement méconnue, du Congrès de Polleur et de sa Déclaration des droits de l'homme. C'est celle d'un « parti ultra-démocratique » qui, dès l'été 1789, va enflammer le marquisat de Franchimont. Au sein de la principauté de Liège, ce dernier regroupait cinq bans dont les chefs-lieux étaient Theux (comprenant la commune de Polleur), Verviers, Jalhay, Sart et Spa, villes dont l'unité géographique compose un parfait pentagone. La principale figure de ces démocrates radicaux était Laurent-François Dethier, avocat, géologue, naturaliste, archéologue, linguiste et, bien sûr, publiciste. Né sur le hameau de Theux, il allait sur ses trente-deux ans quand, à Paris, tomba la Bastille. Sur place, il disposait d'un correspondant, lui aussi originaire de Theux, Pascal Taskin, facteur de clavecin établi depuis longtemps dans la capitale française, qui lui faisait des récits minutieux et réguliers des événements français.

Leur conséquence immédiate fut la convocation dans le village de Polleur d'un « congrès » qui, sans désemparer, tint vingt-cinq séances du 26 août 1789 au 23 janvier 1791, soit jusqu'à ce que l'avancée des troupes hollandaises et prussiennes oblige ses animateurs à momentanément se réfugier en exil. Il nous faut imaginer ce saut dans l'inconnu qu'est l'invention d'un bonheur neuf, de ses fraternités et de ses fulgurances. Pour la première séance, ils s'étaient assemblés en plein air, dans une prairie en amphithéâtre, derrière la maison d'un particulier, avec juste une grande table et des bancs et, tout autour, des acclamations de l'assistance ainsi que des tirs de mousqueterie. C'est Dethier qui, le premier, prit la parole, et son ton est bien loin des précautions encore en vogue, à ce moment précis, parmi les députés de l'Assemblée nationale française.

Face à « l'ancien régime despotico-aristocratique, sous lequel le bon peuple n'a gémi que trop longtemps », il appela à « un gouvernement plus doux, plus populaire, plus conforme à la Constitution » – mots simples et, en même temps, si forts, y compris pour nos temps actuels. « Il n'y a donc plus de temps à perdre, poursuivit-il, c'est par l'union qu'il faut affermir et rendre générale une révolution si heureuse. » Il termina en évoquant la jouissance « de la plénitude des Droits de l'homme et du citoyen » afin que, « vivant comme des frères, nous puissions tous ensemble atteindre au degré de félicité, qu'il est donné aux faibles mortels de pouvoir goûter sur la terre ». Ces mots ont été prononcés le 26 août 1789, soit le jour même où, à Versailles, l'Assemblée constituante adoptait la Déclaration dont la France se croit, à tort, seule propriétaire.

Car Dethier ne va pas s'en satisfaire. À l'évidence, cette haute et belle figure, comme en atteste sa correspondance, pensait au-delà de lui-même, d'un marquisat, d'une principauté, d'une nation ou d'un pays, tout en s'engageant au plus près des attentes de son propre peuple. Dès la séance du 16 septembre 1789, il proposa et fit adopter par le Congrès de Polleur une autre Déclaration des droits de l'homme et du citoyen qui, par son exigence démocratique et sociale, supplante sa grande sœur française. Inspirée de celle-ci, elle l'amendait en la radicalisant, comme l'ont amplement montré ses historiens exégètes, complétant leur analyse par l'examen des brouillons de Dethier.

Ce n'est parfois qu'un mot en forme d'insistance – par exemple, à l'article premier, ce « *Tous* les hommes naissent libres et égaux… »

à la place de « *Les hommes* » de la version française –, mais ce sont surtout des changements plus significatifs. Ainsi, à l'article 3 qui définit le lieu de la souveraineté, « le peuple » y remplace « la nation » : c'est le choix d'une dynamique politique plutôt que d'une identité nationale. À l'article 6 qui définit la loi comme « l'expression de la volonté générale », Dethier ajoute que celle-ci « ne doit jamais s'écarter des règles éternelles de la vérité et de la justice ». À l'article 10, qui concerne la liberté d'opinion, il supprime la restriction introduite dans la version française, énonçant simplement que « tout citoyen est libre dans ses pensées et ses opinions » en lieu et place d'une formulation aussi contournée que précautionneuse : « Nul ne doit être inquiété pour ses opinions, même religieuses, pourvu que leur manifestation ne trouble pas l'ordre public établi par la loi. »

À l'article 13, qui concerne un sujet éminemment sensible et qui l'est toujours, la question des impôts, Dethier rabat la formulation du côté d'une égalité réelle, et non plus formelle. Quand la version française évoque « une contribution commune [qui] doit être également répartie entre tous les citoyens, en raison de leurs facultés », il affirme que « la répartition doit être *rigoureusement proportionnelle* entre tous les citoyens en raison de leurs facultés ». À l'article 14, il renforce cette disposition en insistant sur le droit de « *chaque citoyen*, par lui-même ou par les représentants » de constater, suivre ou vérifier l'emploi de la contribution publique et « d'en déterminer la qualité, l'assiette, le mouvement et la durée » quand le texte français s'en tient à « tous les citoyens », formulation générale et indéterminée. Enfin, et ce n'est pas le moins, la Déclaration de Polleur supprime tout bonnement et simplement l'article 17 de la Déclaration de Versailles qui proclamait la propriété comme « un droit inviolable et sacré ».

Peut-être fallait-il venir à Verviers, partager ses causes communes de l'égalité, pour mesurer combien les idéaux démocratiques sont forcément radicalement sociaux, sauf à s'avouer inauthentiques, superficiels et provisoires. Comme la Conjuration des Égaux de Gracchus Babeuf, dont il sera témoin, la Déclaration de Dethier anticipait les luttes indissociablement démocratiques et sociales du mouvement ouvrier durant le siècle à venir. Par la suite député au tiers état, membre du Conseil des Cinq-Cents, il ne détellera jamais, tranquillement inflexible, toujours ferme sur ses principes, ne cédant pas aux sirènes napoléoniennes du pouvoir personnel.

Or, en 1830, Laurent-François Dethier vit toujours, ayant fêté ses soixante-treize ans le 14 septembre – il décédera en 1843, à quatre-vingt-cinq ans. Pour Pierre David, le bourgmestre de Verviers, c'était un aîné qu'il fréquentait et respectait. Ils vont de plus être tous deux députés au premier Congrès national belge où, partisans de la République et du rattachement à la France, ils n'auront pas gain de cause. Bien que nous n'en ayons pas la preuve manifeste, il semble logique de conclure que c'est par le truchement de Dethier, son influence et ses conversations, que David eut l'idée de la devise issue de la formule de Bailly.

Les indices ne manquent pas. Lors de la séance du 28 juillet 1790 du Congrès de Polleur, Dethier présenta une motion sur deux points « qui restent à décider et que, sans doute, Messieurs, vous ne perdrez point de vue :

1° le règlement de police intérieur à établir ; 2° la publicité de nos principales délibérations politiques, publicité qui, j'ose le dire, est la vraie sauvegarde de la liberté du peuple ». Par ailleurs, certaines notices biographiques lui attribuent un *Essai sur la liberté de la presse*, paru en l'an VII, soit entre septembre 1798 et septembre 1799, que, hélas, je n'ai pas eu le temps de retrouver. Enfin, et surtout, un journal dont il fut l'animateur, *La Tribune publique du département de l'Ourte*, département français aussi orthographié Ourthe qui, de 1795 à 1814, recouvrait la province de Liège, plaça en épigraphe ces mots : « La publicité est la sauvegarde du Peuple. »

Les responsables de cette feuille se définissaient collectivement comme « une Société de Patriotes de 1789 ». D'une révolution l'autre, il nous faut convenir que la formule de Bailly était aussi celle de Dethier, autrement dit que la trouvaille française fut durablement une exigence belge. Ce qui nous confirme que l'émancipation n'a d'autre patrie que l'humanité tout entière.

Même en Belgique d'ailleurs, la liberté n'a pas de propriétaire.

En 1852, soit vingt-deux ans après son inscription à Verviers et soixante-trois ans après la révolution franchimontoise de 1789, la devise « Publicité, sauvegarde du peuple » apparut au fronton de la Maison communale de Polleur, où fut installée l'école ainsi que le logement de l'instituteur. Elle y figure toujours, rappelant que ce village fut au départ de l'aventure démocratique belge.

Fin 2019, ayant eu vent de mes curiosités, un historien de Theux, Paul Bertholet, rédacteur en chef de la revue *Terre de Franchimont*, mettait la main sur un ouvrage imprimé hors commerce, destiné à la famille, dans lequel son arrière-petit-neveu dressait le portrait de Pierre David. Or on y apprend que celui-ci n'avait pas besoin que Dethier lui souffle l'idée de la formule…

D'après son descendant, le doux et bienveillant bourgmestre de Verviers, était « grand admirateur de Robespierre ». Selon la légende familiale, il se serait inspiré d'une délibération de la Section des Piques, section révolutionnaire parisienne dont Robespierre était membre, en fut même le président et au nom de laquelle il siégea à la Commune de Paris. C'était en 1792, Pierre David avait vingt et un ans et la réclamation parisienne aurait commencé par ces mots : « Attendu que la publicité est la sauvegarde du peuple… »

La mémoire familiale ne mentait pas car la piste s'est avérée fructueuse. Avec, de surcroît, cette confirmation de la radicalité fondatrice de la formule énoncée par le modéré Bailly, devenue le cri de ralliement des révolutionnaires qui, pourtant, allaient le vouer aux gémonies. Les événements qui auraient inspiré le bourgmestre David sont en effet ceux qui, à partir du 10 août 1792, avec la prise du palais des Tuileries et l'instauration d'une Commune insurrectionnelle à Paris, ouvrent la voie à la fin de la monarchie et à la proclamation de la République.

Si j'ai vainement cherché la délibération évoquée par l'arrière-petit-neveu, qu'il décrit comme une adresse à la Commune de Paris, j'en ai trouvé l'écho explicite dans un débat de l'Assemblée nationale du 27 août 1792. Un projet de décret « relatif à la publicité des séances des corps administratifs et municipaux » y fut présenté, au nom du comité de législation. Ce décret portait l'exigence, souvent revendiquée mais jamais satisfaite depuis les débuts de la Révolution, que les séances « des directoires et conseils généraux d'administration, corps municipaux et conseils généraux des communes » soient désormais « toujours publiques ». Or il commençait ainsi : « L'Assemblée nationale, considérant que la publicité est la sauvegarde du peuple… »

Cette assemblée vivant alors ses derniers jours, bientôt remplacée, en septembre, par l'élection de la Convention nationale, la proposition fut renvoyée aux débats de celle-ci. Elle y fit son chemin jusqu'à la Constitution du 24 juin 1793, la première de la République française, celle de l'An I dont l'application sera suspendue par la guerre et par la Terreur : elle proclame en son article 84, que « les séances des municipalités et des administrations sont publiques ».

Dépassant l'intention de son auteur, la phrase de Bailly avait fini par lui échapper, faisant son chemin en même temps que s'effaçait sa renommée. Le 10 août 1792, au premier jour de l'insurrection parisienne, les mêmes révolutionnaires

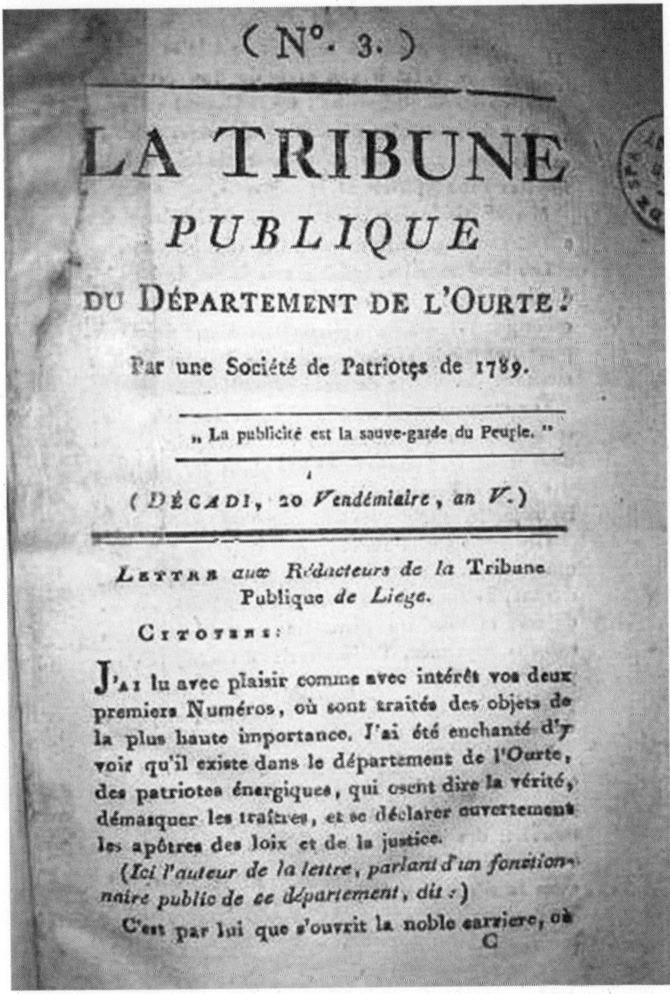
(N°. 3.)

LA TRIBUNE

PUBLIQUE

DU DÉPARTEMENT DE L'OURTE.

Par une Société de Patriotes de 1789.

„ La publicité est la sauve-garde du Peuple. "

(DÉCADI, 20 Vendémiaire, an V.)

LETTRE aux Rédacteurs de la Tribune Publique de Liege.

CITOYENS :

J'AI lu avec plaisir comme avec intérêt vos deux premiers Numéros, où sont traités des objets de la plus haute importance. J'ai été enchanté d'y voir qu'il existe dans le département de l'Ourte, des patriotes énergiques, qui osent dire la vérité, démasquer les traîtres, et se déclarer ouvertement les apôtres des loix et de la justice.

(Ici l'auteur de la lettre, parlant d'un fonctionnaire public de ce département, dit :)

C'est par lui que s'ouvrit la noble carriere, où

C

L'Ourte recouvrait le territoire de la province de Liège annexée à la France de 1795 à 1814. © Droits réservés.

qui allaient l'invoquer s'étaient d'abord empressés de soumettre à l'assemblée communale parisienne « la motion de renverser les bustes de Bailly, La Fayette, Necker, Louis XVI, tous ces charlatans de patriotisme, dont la présence blesse les yeux des bons citoyens ». « Quarante bras se lèvent aussitôt pour terrasser ces fausses idoles, poursuit le compte rendu. Elles tombent et sont réduites en poudre aux acclamations des tribunes. »

Restait à comprendre les raisons de cet opprobre.

4.

Le comité des subsistances

De France en Belgique, de 1789 à 1830, la formule de Bailly a bel et bien couru tel un furet révolutionnaire, diffusant de peuple en peuple la nouveauté des idéaux démocratiques qui allaient renverser le vieux monde des sociétés d'Ancien Régime. Mais si, jusqu'ici, j'avais réussi à en suivre la trace, dénichant ses occurrences et découvrant ses rebonds, je n'étais pas plus avancé sur son origine précise. Fin août 2019, de retour de Verviers où j'avais aimé m'égarer en explorant les archives municipales, j'étais toujours à la recherche des circonstances exactes de la première proclamation, par le premier maire de Paris, de ces mots inauguraux : « La publicité est la sauvegarde du peuple. »

C'est alors que des historiens professionnels sont venus au secours de mes curiosités d'amateur. Cette entraide a surgi dans un contexte qui, de nouveau, évoque ces heureux hasards où le passé enchante le présent. Il s'agissait d'une rencontre militante autour du mouvement français des Gilets jaunes avec l'historien Gérard Noiriel qui, loin de juger d'en haut ce surgissement d'une protestation populaire inédite, avait su l'inscrire dans la longue durée des combats pour l'égalité. À l'issue du débat, j'ai spontanément raconté mes difficultés à l'une des membres de l'assistance, l'historienne Ludivine Bantigny, qui pratique sa discipline comme une invite à l'émancipation.

Confirmant les précieuses vertus de la relation numérique, la solution est venue de l'appel à l'aide qu'elle lança, le soir même, dans un courriel adressé à divers collègues. D'échange en échange, malgré les doutes de certains d'entre eux sur l'authenticité de la formule de Bailly, témoignant de l'incompréhensible mésestime qui l'avait fait tomber dans l'oubli, le miracle s'est produit. L'une des destinataires, Clyde Plumauzille, chargée de recherche au CNRS, nous a indiqué, par déduction, la cache du trésor qui reposait au rez-de-jardin de la Bibliothèque nationale de

France, sous le numéro « FRBNF36306652 ». Il y avait donc bien eu, à la date du 13 août 1789 comme l'indiquait les unes de *L'Observateur*, une « proclamation » signée Bailly selon laquelle « la publicité est la sauvegarde du peuple », et un document de l'époque en attestait, jusqu'alors ignoré par la recherche académique.

Mais cette ultime confirmation recelait une surprise bavarde. Le lieu de l'énoncé de la formule et le sujet qui l'avait motivé ouvraient des horizons inattendus. Ils nous entraînaient jusqu'à nos débats contemporains sur le secret des affaires, cette sempiternelle revendication du monde économique, relayée aujourd'hui par les responsables politiques et, notamment, par l'Union européenne, d'une opacité sur les activités des entreprises, des marchands et des financiers, quand bien même elles concerneraient l'intérêt général et relèveraient du bien commun.

C'est en effet à propos de la transparence sur les transactions des grains et des farines, donc sur la fixation des prix du blé et du pain, que le Comité provisoire chargé des subsistances, présidé par le maire de Paris lui-même, cite la phrase dont Bailly sera définitivement tenu pour le seul auteur. Voici ce document dans sa graphie originelle, tel qu'il fut imprimé puis affiché sur les murs de la capitale française :

> LE COMITÉ considérant qu'il est du devoir d'une Administration, qui s'occupe d'assurer le premier besoin de l'Homme dans une grande Ville, d'en multiplier les moyens, d'employer les plus simples & les plus faciles, d'établir une grande publicité dans les opérations, & de concilier avec la justice la liberté & la propriété, une vigilance continuelle.
> Le Comité a arrêté que les Boulangers feront, dès à présent, comme ils ont fait par le passé, tous achats de Grains & Farines pour l'Approvisionnement de la Capitale, à la charge par eux de fournir au Comité des déclarations exactes et fidelles de leurs achats ; invite MM. Les Commandans & Officiers de la Garde Nationale à laisser passer & circuler librement les convois desdits Grains & Farines, & à les protéger.
> Et, comme la publicité est la sauve-garde du Peuple, que le juste prix, tant pour le Laboureur que pour le Consommateur,

d'une denrée de première nécessité, ne peut être raisonnablement fixé que dans les Marchés établis à cet effet sous la surveillance des Administrations Municipales, le Comité défend aux Boulangers de faire leurs achats ailleurs que dans les Marchés publics.

Le Comité leur défend, en outre, d'avoir des Magasins de leurs Grains & Farines ailleurs qu'à Paris, dans les Maisons qu'ils habitent.

La Présente Proclamation sera imprimée, affichée par tout où besoin sera, publiée aux Prônes des Paroisses, & envoyée à MM. les Officiers Municipaux des Provinces voisines de Paris, lesquels seront invités à en ordonner & maintenir l'exécution.

Fait au Comité, ce 13 août 1789.

Signé, *Bailly,* Maire ; *Le Grand de S. René ; Bancal Désissarts ; Boucher ; De Leutre ; S-Félix ; Bourdon Desplanches ; Veytard ; Buffault ; Gibert.*

C'est au troisième paragraphe de ce texte que figure ce qui deviendra, dans le langage commun, la « proclamation de Bailly ». Elle

PROCLAMATION.

HÔTEL DE VILLE DE PARIS.

COMITÉ-PROVISOIRE.

SUBSISTANCES.

LE COMITÉ considérant qu'il est du devoir d'une Administration, qui s'ocupe d'assûrer le premier besoin de l'Homme dans une grande Ville, d'en multiplier les moyens, d'employer les plus simples & les plus faciles, d'établir une grande publicité dans ses opérations, & de concilier avec la justice, la liberté & la propriété, une vigilance continuelle.

Le Comité a arrêté que les Boulangers feront, dès à présent, comme ils ont fait par le passé, tous achats de Grains & Farines pour l'Approvisionnement de la Capitale, à la charge par eux de fournir au Comité des déclarations exactes & fidelles de leurs achats; invite MM. les Commandans & Officiers de la Garde Nationale à laisser passer & circuler librement les convois desdits Grains & Farines, & à les protéger.

Et, comme la publicité est la sauve-garde du Peuple, que le juste prix, tant pour le Laboureur que pour le Consommateur, d'une denrée de première nécessité, ne peut être raisonnablement fixé que dans les Marchés établis à cet effet sous la surveillance des Administrations Municipales, le Comité défend aux Boulangers de faire leurs achats ailleurs que dans les Marchés publics.

Le Comité leur défend, en outre, d'avoir des Magasins de leurs Grains & Farines ailleurs qu'à Paris, dans les Maisons qu'ils habitent.

La Présente Proclamation sera imprimée, affichée par tout où besoin sera, publiée aux Prônes des Paroisses, & envoyée à MM. les Officiers Municipaux des Provinces voisines de Paris, lesquels seront invités à en ordonner & maintenir l'exécution.

Fait au Comité, ce 13 Août 1789.

Signé, *Bailly*, Maire; *Le Grand de S. René*; *Bancal Désissarts*; *Boucher*; *De Leutre*; *-Félix*; *Bourdon Desplanches*; *Veytard*; *Buffault*; *Gibert*.

Imprimerie de LOTTIN l'aîné, & LOTTIN de S.-Germain, Imprimeurs-Libraires Ordinaires de la VILLE, rue S.-André-des-Arcs. (N°. 27) Août 1789.

Datée du 13 août 1789, l'affiche du Comité des subsistances qui fut placardée dans Paris. © Bibliothèque nationale de France.

y est convoquée à la manière d'un argument d'autorité, énonçant une sorte d'évidence politique des temps nouveaux : « Et, comme la publicité est la sauvegarde du peuple, que le juste prix, tant pour le laboureur que pour le consommateur, d'une denrée de première nécessité, ne peut être raisonnablement fixé que dans les marchés établis à cet effet sous la surveillance des administrations municipales, le Comité défend aux boulangers de faire leurs achats ailleurs que dans les marchés publics. » C'est du « premier besoin de l'homme » qu'il s'agit ici, souligne d'emblée le texte, autrement dit du pain qui lui permettra de vivre ou de survivre, et c'est pourquoi il est du devoir des autorités publiques « d'établir une grande publicité dans les opérations, et de concilier avec la justice, la liberté et la propriété, une vigilance continuelle ».

En somme, il s'agit d'une mise en garde contre les spéculations et les trafics auxquels se livraient marchands, intermédiaires, financiers, etc., sur le dos du peuple de Paris, menacé de disette et tiraillé par la faim. À l'été 1789, l'alimentation de Paris était dans une situation critique, envenimant le fléau de la pauvreté. L'année précédente, des intempéries exceptionnelles, orages de grêle et pluies incessantes, avaient entraîné des récoltes bien trop faibles pour satisfaire la demande d'une population dont la nourriture dépendait largement du pain et, donc, du cours des céréales, de leur rareté ou de leur abondance. L'extrême rigueur de l'hiver 1789 aggrava encore cette situation, augmentant à Paris le peuple des mendiants ayant pour seul secours la charité.

On ne le rappelle pas assez, mais le 14 juillet 1789 aura été le jour du XVIIIe siècle où le prix du blé fut le plus cher à Paris. Trop fréquent, cet oubli relègue au second plan la question sociale alors même qu'elle est indissociable des soulèvements démocratiques, suscités par la prise de conscience d'inégalités insupportables et d'injustices intolérables. Les idéaux de droits et de libertés ne surgissent jamais hors sol, descendus par magie du monde éthéré des idées. Tout au contraire, ils émergent du terreau des luttes sociales quand, sortant de sa passivité et rejetant sa servitude, un peuple d'en bas décide de leur redonner vie et force, au nom de cette égalité des droits que lui dénie le monde d'en haut, celui des possédants et des dominants.

Je ne pouvais en rêver plus belle confirmation que cette découverte : ce n'était pas un débat abstrait, autour de principes vagues et généraux, qui avait motivé la formule de Bailly, mais une urgence matérielle, concrète et tangible. Indissociables, question sociale et question démocratique étaient toutes deux présentes, main dans la main, au baptême de sa proclamation. Que publicité et vigilance en soient les mots-clés, exigence que toutes les transactions sur les grains et les farines se fassent désormais au grand jour, sous le regard et le contrôle du public, renforçait ce sentiment d'être remonté à la source du fleuve où le journalisme navigue. Loin d'être un privilège professionnel, le droit de savoir avait d'emblée partie liée avec ce « n'importe qui » citoyen que consacre l'égalité, sans distinction de condition ou d'origine.

« Ce qui est nécessaire pour l'alimentation d'une contrée » : tel était au XVIIIe siècle, selon la définition du dictionnaire le *Littré*, le sens du mot « subsistances » dans un usage qui s'est raréfié. Décisive, cette question n'a cessé de traverser les tensions révolutionnaires, recouvrant l'exacerbation des luttes sociales où se jouaient l'approfondissement ou le recul de l'exigence démocratique.

L'un des successeurs de Bailly à l'hôtel de ville, Jean-Nicolas Pache, maire de Paris du 14 février 1793 au 10 mai 1794, fit ainsi afficher le 15 juin 1793 une « circulaire aux sections » mettant en garde contre « les malveillants [qui] ont encore une fois recours au mot *subsistances*, pour exciter des troubles ». « Citoyens, assenait-il, c'est une perfidie des contre-révolutionnaires, je vous la dénonce : et je vous affirme de plus que les magasins de la Municipalité sont mieux garnis en ce moment qu'ils ne l'ont été depuis longtemps, et que vous devez sur cet objet être parfaitement tranquilles. »

Sa radicalité – il était hébertiste, à l'extrême gauche des Montagnards – l'a sauvé de l'oubli quand son modérantisme a jeté Bailly dans les oubliettes de l'histoire : Pache a, lui, une rue parisienne à son nom, dans le onzième arrondissement. À l'aune de la seule question des subsistances, cette différence de traitement est injuste car celle-ci fut, incontestablement, la priorité du premier maire de la capitale.

Le jeudi 13 août 1789, si Bailly est absent de l'Assemblée des représentants de la Commune de Paris où Beaumarchais et Marat se distinguèrent, c'est parce qu'il réserve son temps au Comité provisoire des subsistances. Ce jour-là, selon ses mémoires, bien que « malade, avec la fièvre [et] obligé de garder le lit », il en fit venir les membres à son domicile. « Comme mes soins de tous les moments pour les subsistances, et mon assiduité au comité, écrit-il, m'auraient rendu cette indisposition insupportable, si je n'avais pu présider aux déterminations, et suivre par moi-même les détails de l'exécution, je demandai au comité de tenir ses séances chez moi, ce qu'il fit avec empressement. »

Quand il avait pris ses fonctions de maire de Paris, le 15 juillet, il avait constaté, en faisant le tour des boulangers, que les approvisionnements en grains et farines allaient être épuisés en trois jours. Le lendemain, tous les préposés à l'administration des subsistances s'étaient évaporés, par crainte de la colère populaire, interrompant de ce fait les opérations de ravitaillement et aggravant d'autant plus les risques de famine. « L'inquiétude des subsistances était un moyen toujours prêt d'ameuter le peuple et de le faire servir à d'autres vues », écrit Bailly dans ses mémoires, à la date 21 août 1789. La nouvelle municipalité devait veiller, quotidiennement, aux bateaux fluviaux transportant les farines, à l'exactitude des fournitures aux moulins, à la capacité des meuniers à moudre, à la diligence des envois à Paris, aux débordements éventuels des rassemblements aux portes des boulangeries, etc.

S'il était donc bien une question qui l'obsédait, c'était celle des subsistances, indissociable de celle de l'ordre public. « Alors deux parties de l'administration, le soin des subsistances et celui de la police, absorbaient toutes les autres » : ainsi le maire résumait-il son bilan, le 1er février 1790, dans son premier compte rendu de mandat devant l'Assemblée des représentants de la Commune de Paris. « La fermentation était grande relativement au pain, écrit-il encore dans ses trop brefs souvenirs, interrompus à la fin novembre 1789. Quand on est inquiet, on fait des propositions pour le jour et pour les suivants ; de là l'approvisionnement du jour ne suffit pas ; de là l'apparence de la disette dans un moment où il y a suffisance. Nous avons été obligés de donner des gardes et de mettre des sentinelles à la porte des boulangers. » Lesquels boulangers, à en croire Bailly, étaient « les ennemis-nés de l'administration ; quoi qu'il arrive, c'est toujours elle qui a tort, et ils lui font un crime souvent des mesures prises en faveur du peuple : comme ils sont plus prêts de lui, ils sont plus souvent et mieux entendus ».

Si je m'autorise ces rappels, c'est pour mieux rendre compte des réalités qui, alors, donnaient leur sens et leur portée aux mots. Placardée sur les murs de la capitale, la proclamation de Bailly a d'autant plus marqué les esprits qu'elle touchait au sujet le plus sensible et le plus immédiat du moment. Bailly, écrit en 1844 son premier biographe, l'astronome François Arago, dans l'hommage qu'il lui rendit devant l'Académie des sciences, « résolut de consacrer ses jours et ses nuits à l'approvisionnement de la capitale ; de mériter, comme il le disait lui-même, le titre de *Père nourricier des Parisiens*, ce titre dont il se montra si fier, après l'avoir péniblement conquis ».

Le parti pris flatteur du savant, astronome comme l'était le confrère académicien dont il faisait l'éloge posthume, n'empêchait pas sa lucidité sur la contradiction qui allait être fatale à Bailly, celle d'une administration gestionnaire saisie par l'obsession sécuritaire. Il est vrai qu'Arago était aussi un politique, député et membre du gouvernement provisoire en 1848, d'une famille républicaine qui, d'ailleurs, donna à Paris l'un de ses maires, pour un mandat très bref en 1870, son propre frère, Étienne Arago, journaliste de son état. « Dans les temps de disette, il suffit d'une parole légère, vraie ou supposée, pour engendrer une terrible émeute », souligne à son tour Arago pour décrire le volcan qu'arpentait Bailly. À quoi fait écho une confidence navrée de celui-ci, dès le 10 août 1789 : « Comme il est difficile de discuter des principes avec une multitude armée… »

Or le problème de Bailly, qui explique sa postérité malheureuse, c'est qu'il fit lui-même parler les armes contre un principe.

En 1791, après la fuite avortée de Louis XVI et de la famille royale, rattrapés à Varennes et ramenés à Paris, le rejet grandissant de la monarchie accompagna l'affirmation du sentiment républicain. À l'initiative du Club des Cordeliers, une pétition fut lancée demandant à l'Assemblée de constater l'abdication de Louis XVI, de ne plus jamais le reconnaître pour roi et d'organiser « un nouveau pouvoir exécutif », sans pour autant prononcer le mot de république. Le dimanche 17 juillet 1791, des milliers de personnes se rendirent au Champ-de-Mars, afin de la signer sur l'« Autel de la patrie », là même où s'était tenue, un an auparavant, pour le premier anniversaire de la prise de la Bastille, la Fête de la fédération, dans l'illusion euphorique d'une durable réconciliation nationale.

Mais, depuis, le peuple inventait lui-même son chemin, faisant valoir ses exigences en s'émancipant de ceux qui prétendaient non seulement lui indiquer la route, mais la borner et la limiter. La majorité conservatrice de l'Assemblée ordonna donc à la Commune de Paris de réprimer ces « factieux qui provoquent la désobéissance à la loi ». Préfigurant les répressions contemporaines exigées par des pouvoirs apeurés, elle transformait ainsi la loi momentanée, dont elle se voulait dépositaire et propriétaire, en verrou des droits fondamentaux par l'exercice desquels le peuple peut contester des lois iniques et en fonder de nouvelles, meilleures, plus justes et plus équitables. Droits de pétitionner, de s'assembler, de s'exprimer, de s'informer, tous ces droits qui, préexistant au droit de vote, garantissent la vitalité d'une démocratie en la protégeant de sa confiscation par des représentants. La prétendue anarchie que l'Assemblée demandait au maire de Paris de réprimer n'était autre que la démocratie véritable.

Au lieu de défendre les droits fondamentaux de ses propres administrés et, donc, de résister à la pression répressive de la majorité de l'Assemblée, Jean-Sylvain Bailly fit appliquer la loi martiale : sous les ordres de La Fayette, la Garde nationale tira sans sommation sur la foule. Il s'agissait d'une foule rassemblée paisiblement pour exercer son droit de pétition, mêlant familles et générations, des hommes de tous âges, des femmes et des enfants, une foule profondément pacifique – tout au plus y avait-il eu, à l'approche de la Garde nationale, quelques lancers de cailloux. On dénombra, au bas mot, une cinquantaine de morts parmi les pétitionnaires.

Croquis du journal Révolutions de Paris *montrant la fusillade du 17 juillet 1791. © Bibliothèque nationale de France.*

Un an plus tard, durant la journée du 10 août 1792, le peuple obtenait sa revanche avec la prise des Tuileries entraînant la chute de la monarchie constitutionnelle.

Telle est l'ultime surprise et, en même temps, la principale leçon de cette histoire : c'est pour avoir trahi les principes à la proclamation desquels il avait été identifié que Bailly sera durablement relégué sur la face sombre des temps révolutionnaires, passé en peu de temps d'une popularité incontestée à une réprobation générale. Revenant dans ses mémoires sur le malentendu qui, le 15 juillet 1789, avait produit sa désignation unanime comme maire de Paris, il dit n'avoir « jamais été si étonné, si confondu et si au-dessous de [lui]-même ». « Un autre effet de ma stupidité subite, ajoute-t-il sans se ménager, c'est que j'acceptai sans savoir de quel fardeau je me chargeais. » Mais, au final, son fardeau fut d'avoir accepté et ordonné de réprimer dans le sang le libre et pacifique exercice d'un droit fondamental par ce peuple qui l'avait plébiscité et dont il était le débiteur.

Combattant la légende noire où, déjà, plongeait dans l'oubli le nom de Bailly, François Arago évoque cependant ses audaces initiales de 1789, qui le rendirent si populaire quand, président du tiers état, il répondit à la demande royale que les députés s'expriment à genoux devant Louis XVI, au prétexte d'un usage immémorial : « Et si vingt-cinq millions d'hommes ne le veulent pas, où seront les moyens de les contraindre ? » Ou quand, président de l'Assemblée nationale, il refusa d'obéir à l'ordre du monarque de se séparer sur-le-champ, objectant : « Je ne puis ajourner l'Assemblée sans qu'elle en ait délibéré », avant d'affirmer que « la nation assemblée ne peut pas recevoir d'ordre ».

Arago a beau ajouter encore l'éloge des talents d'administrateur de Bailly à la tête de la municipalité parisienne, énumérant, outre les subsistances, sa volonté de supprimer les maisons de jeu, sa lutte contre les spectacles de combats d'animaux, son souci pour la condition des détenus et la surpopulation des prisons, sa laïcisation précoce de l'état civil, etc., rien n'y fait. La faute ne peut être effacée, tant elle est impardonnable. Honnête, sans doute parce que lui-même profondément démocrate, Arago est forcé d'en convenir. Confiant sa « profonde douleur » de devoir accabler celui qu'il était censé louer, ce savant et politique qui, par la suite, saura dire non à Louis-Napoléon Bonaparte, livre son verdict : « Il est bien établi que la foule du Champ-de-Mars usait d'un droit que la Constitution lui reconnaissait, en voulant rédiger et signer une pétition contre un décret qu'à tort ou à raison elle croyait opposé aux intérêts du pays. »

Les droits fondamentaux n'étaient pas négociables, rappelle Arago à Bailly, et ce faisant, enjambant les siècles, aux pouvoirs prétendument démocratiques d'aujourd'hui qui continuent d'en violenter la libre expression. Comment ne pas lire les lignes suivantes sans penser aux gouvernants élus qui, par le privilège du suffrage, confisquent la volonté populaire, en lui déniant le droit de s'exprimer, de s'affirmer et de se construire en dehors des élections ? Ici, toute comparaison avec nos temps de régression démocratique, loin d'être fortuite, est impérative.

> Aux plus belles époques de l'Assemblée nationale, assène-t-il, personne, dans son sein, n'aurait osé soutenir que rédiger, que signer une pétition, quel qu'en pût être l'objet, étaient des actes de rébellion. Jamais, alors, le président de cette grande assemblée n'eût appelé la haine, la vindicte publique, une répression sanglante sur ceux qui prétendaient "opposer leur volonté individuelle à la loi, expression de la volonté nationale". Le droit de pétition semblait devoir être absolu, même contre

> des lois sanctionnées, promulguées, en pleine action, et, à plus forte raison, contre des dispositions législatives encore en discussion ou à peine votées.

Nous voici au cœur d'une radicalité démocratique dont la promesse est toujours inachevée. On ne saurait congédier la scène originelle où elle s'est exprimée, au prétexte de la Terreur qui emportera la Révolution – cette dictature d'assemblée à propos de laquelle l'historien Jules Michelet aimait rappeler que le nombre de ses victimes, « raccourcis » par la guillotine, fut inférieur à celui des morts au terme d'une seule journée des guerres napoléoniennes... On ne saurait, en d'autres termes, jeter le bébé avec l'eau du bain, comme a cherché à le faire l'invention d'une lignée fantasmée qui aurait conduit de Robespierre et Saint-Just à Staline et Mao, sans oublier Pol Pot.

Car ce n'est évidemment pas un hasard si, à la fin du siècle dernier, cette diabolisation des temps révolutionnaires a accompagné la remise en cause de l'idéal démocratique par l'émergence d'un libéralisme autoritaire, tournant le dos à tout libéralisme politique. Alors qu'au contraire, à l'image de George Orwell et de tous les opposants de gauche au stalinisme, les résistants aux totalitarismes issus des perditions de l'émancipation restèrent intraitables sur la défense de l'intensité de la démocratie, on a vu, depuis quelques décennies, les mêmes esprits qui congédiaient les révolutions s'accommoder de dérives autoritaires et oligarchiques, de violences impériales redoublées et d'injustices sociales aggravées.

Le programme en fut énoncé dans les années 1970 dans un texte de la Commission trilatérale sur *La Crise de la démocratie*, sous-titré *Rapport sur la gouvernabilité des démocraties*, dont l'un des auteurs, Samuel Huntington, théorisera plus tard le « choc des civilisations ». Réquisitoire contre l'excès de démocratie que constitueraient son débordement par le peuple souverain et son interpellation par la dynamique de la société, ce rapport est un plaidoyer pour une démocratie limitée et restreinte. Une démocratie éteinte et assoupie où le gouvernement échappe au contrôle de ceux qui l'ont élu, son action étant hors d'atteinte de toute délibération pluraliste. Une démocratie dont l'État serait ainsi placé à distance de la volonté générale, sans donner prise à la contestation, sans possibilité de remise en cause, de façon qu'il puisse veiller sans embarras à la protection des intérêts économiques qui s'en sont emparés.

Un demi-siècle après sa formulation, ce libéralisme autoritaire est devenu en quelque sorte notre ancien régime, incarnation des confiscations et des prévarications qui, un peu partout sur la planète, nous mettent au défi de restaurer et de réinventer la démocratie. Sa vision d'un État fort au service d'un marché sauvage a rencontré la marchandisation des sociétés et la financiarisation des économies. Pour se protéger des assauts légitimes des populations qu'ils dépossèdent et oppressent, les intérêts sociaux minoritaires qui en sont les bénéficiaires appellent de leurs vœux des systèmes gouvernementaux où la liberté économique est non négociable quand la liberté politique devient optionnelle.

Ces prétendus libéraux n'aiment pas la liberté. Ce qu'ils nomment « démocratie illimitée », c'est simplement une démocratie vivante et véritable : le droit de contrôler les gouvernants, de leur demander des comptes, de s'organiser, de protester et de manifester, de faire surgir des revendications ignorées, d'inventer de nouveaux horizons d'émancipation, etc. La seule liberté qu'ils défendent est égoïste et particulière : c'est celle de s'enrichir, de profiter et de posséder. Comme le montre par contraste leur revendication d'une impitoyable répression des mouvements sociaux, des manifestations et des protestations, les libertés du plus grand nombre leur sont en revanche une menace et un danger. Car elles portent la possibilité que leurs privilèges et leur domination soient un jour remis en cause.

L'État qu'ils défendent est à la fois fort et faible, fort contre les revendications démocratiques de redistribution sociale, faible dans sa relation au marché, aux financiers et aux actionnaires. Politiquement antilibéral, puisque voulant restreindre nos libertés démocratiques et nos droits sociaux, ce libéralisme autoritaire est donc socialement asymétrique, s'interdisant de toucher à l'ordre des inégalités sociales mais s'autorisant une répression impitoyable envers ceux qui le contestent.

Projet de société, cet autoritarisme va donc au-delà des seuls abus de pouvoir de l'État, dont les violences policières sont l'emblème le plus manifeste. Il s'accompagne de dispositifs pour rendre ingouvernable le monde des affaires, c'est-à-dire gouvernable par lui seul sans comptes à rendre à la société, en faisant en sorte qu'il échappe au contrôle de celle-ci par la remise en cause des droits qui le garantissent : droit de savoir, droit de regard, droit de critique.

Autrement dit, publicité, vigilance, sauvegarde… Où l'on retrouve intacte l'étincelle de la proclamation du 13 août 1789 à propos des marchés de grains et de farines, dans le souci du bien commun « tant pour le laboureur que pour le consommateur ». Si je plaide pour sa réhabilitation historique, c'est donc à raison de sa brûlante actualité. Le parcours qu'empruntera ensuite Bailly ne saurait justifier qu'on en éclipse le souvenir et qu'on en mésestime la portée. À ce compte, on ne garderait pas grand-chose de la Révolution, tant nombre de ses protagonistes ont été agis par les événements autant qu'ils les ont agis.

Faudrait-il, par exemple, effacer la radicalité démocratique qui animait originellement Robespierre au prétexte qu'il en fut lui-même le démenti avec la dictature du Comité de salut public ? Tout au contraire, au lendemain de sa chute le 27 juillet 1794, c'est le premier Robespierre que Gracchus Babeuf brandit contre le second qu'il n'hésitait pas à qualifier d'« ambitieux, tyran et le plus profond des scélérats ». Rapidement vaincu par le Directoire qui le condamnera à mort, l'animateur, avec Sylvain Maréchal et Philippe Buonarroti, de la future Conjuration des Égaux, préfiguration des engagements socialiste et communiste à venir, entendait reprendre l'espérance là où elle avait été laissée en jachère.

Son premier acte, après Thermidor, fut le lancement d'un journal qui parut le 3 septembre 1794. Il s'appelait tout simplement *Journal de la liberté de la presse*, et gardera ce titre jusqu'à son vingt-troisième numéro, où il deviendra *Le Tribun du peuple ou le défenseur des droits de l'homme*. Babeuf en revenait à l'essentiel, c'est-à-dire aux fondamentaux démocratiques. Dans cette conception radicale, en ce sens qu'elle en cherche la source à sa racine – l'égalité des droits et, partant, l'universalité des citoyens, sans distinction ni hiérarchie –, la démocratie suppose une relation permanente d'interdépendance et d'interaction entre l'assemblée représentative chargée de fabriquer la loi et l'expression publique du souverain légitime, le peuple.

Liberté de la presse, droit de pétition, droit de s'assembler, droit de manifester sont les piliers de cet espace public. Or nul ne l'avait mieux exprimé que le « premier Robespierre », soulignait Babeuf, ce Robespierre qui « est peut-être la meilleure source où il faille chercher les grandes vérités et les fortes preuves des droits de la presse ». Et de citer ce texte de l'Incorruptible dans *Le Défenseur de la Constitution* en juin 1792 : « La loi n'est que l'expression de la volonté générale ; la volonté générale n'est que le résultat des lumières générales ; et les lumières générales ne peuvent être formées et accrues que par la libre communication des pensées entre les citoyens. Quiconque met des entraves à ce commerce sublime détruit l'essence même de la loi, il en étouffe le germe qui est la raison publique ; il paralyse la puissance législative elle-même. »

Ajoutant son commentaire, Babeuf plaidait dès lors pour une « liberté indéfinie » permettant de « censurer les actes législatifs, en montrer les vices, en préparer la réforme » afin d'« opposer un contrepoids salutaire à l'ambition des gouvernants, et empêcher qu'ils ne mettent leur volonté particulière à la place de la volonté générale ». C'est, concluait-il, « la seule sauvegarde du peuple contre le fléau de l'oligarchie ».

Il aurait pu citer bien d'autres textes de Robespierre dont ses notables discours de 1791 à l'Assemblée constituante sur le droit de pétition, la liberté de la presse et le droit de s'assembler, où il rejetait leur limitation de quelque manière que ce soit. Son argument principal était que ce sont les seuls leviers d'alerte et de mobilisation à disposition des sans-voix, des sans-grade et des sans-avoir, dont les sans-culottes furent alors l'expression et le symbole.

En plaçant ainsi l'exigence sociale au cœur des défis démocratiques, il rappelait que, sauf à n'être que des mots vidés de leur signification, ceux-ci n'ont d'autre finalité que l'égalité des droits. Autrement dit, le devoir de toujours faire écho aux droits de celles et ceux qui en ont moins, qui n'en ont pas, qui n'en ont plus, qui en sont dépossédés, qui ne sont pas entendus, qui ne sont pas reconnus, qui sont stigmatisés, qui sont discriminés, qui sont opprimés, etc. Ceux auxquels, précisément, on ne fait jamais droit.

« Plus un homme est faible et malheureux, plus il a besoin du droit de pétition », expliquait ainsi Robespierre à la tribune de l'Assemblée en mai 1791, ajoutant que l'exercice de ce « droit imprescriptible de tout homme en société » suppose « dans celui qui l'exerce l'absence de toute autorité » : « Il suppose l'infériorité et la dépendance ; car celui qui a quelque autorité, celui qui a quelque pouvoir, ordonne et exécute ; celui qui n'a pas de pouvoir, et celui qui est dépendant, désire, demande, adresse ses vœux, adresse des pétitions. »

À l'instar de ces pouvoirs qui préfèrent l'injustice au désordre – commettre l'une pour faire cesser l'autre –, la faute de Bailly au Champ-de-Mars n'était donc pas seulement une erreur politique. Ce fut un parti pris social : l'abandon du peuple au bénéfice des intérêts, privilèges et situations, qu'alarmait son autonomie nouvellement conquise. Les « eaux glacées du calcul égoïste », pour reprendre la célèbre formule de Marx et Engels dans leur *Manifeste du Parti communiste* de 1848, allaient l'emporter sur les idéaux de liberté, d'égalité et de fraternité, avec la volonté entêtée de substituer « aux nombreuses libertés, si chèrement conquises, l'unique et impitoyable liberté du commerce ».

Outre que Karl Marx fut lui-même journaliste – « La presse libre, c'est l'œil partout ouvert de l'esprit du peuple », écrit-il dès 1842 –, j'éprouve le besoin d'évoquer les fondateurs de la Ire Internationale ouvrière afin de souligner combien l'histoire que nous revisitons ici s'inscrit dans une longue chaîne de luttes et d'espoirs qui n'a ni début ni fin. C'est en quelque sorte une interminable course-relais où, sous des contours et des atours, des étiquettes et des contextes différents, se renouvelle sans cesse la même impatience, désir de bonté et de beauté face aux méchancetés et aux laideurs d'un monde égaré, qui nie l'égalité et rejette le commun.

Les étapes de ce voyage sont toutes tissées de ces résonances complices, portées par une stimulante discordance des temps. Ainsi Verviers, la ville qui s'est fièrement approprié la formule de

Bailly, fut-elle considérée, au XIXe siècle, comme le « boulevard de l'Internationale ouvrière », accueillant en 1877 le neuvième et dernier congrès de la première Association internationale des travailleurs où les anarchistes furent présents en nombre. Énième hasard objectif, c'est encore à Verviers qu'un certain Viktor Lvovitch Kibaltchitch passa ses premières années après être né, en 1890, de parents russes dans la banlieue de Bruxelles. Or ce n'est autre que le futur Victor Serge, digne et belle figure de la résistance libertaire au mensonge et à l'imposture staliniennes…

Je pourrais ainsi continuer à l'infini, animé par cette certitude que les politiques émancipatrices sont d'essence poétiques, rétives aux assignations à résidence, échappant aux classifications dogmatiques. Par exemple, suivre la piste de Benjamin Franklin, l'ami américain de Jean-Sylvain Bailly qui lui avait lâché son laconique « très bien » et qui, selon le Prussien Anacharsis Cloots, serait à l'origine du « ah, ça ira », nous conduit au marquisat de Franchimont où Laurent-François Dethier fit sa propre révolution des Droits de l'homme.

Si le détour est indéniablement sinueux, il a le mérite d'introduire ce qui, sans doute, nous échappe dans ce récit : la psychologie de ses acteurs, cette part d'eux-mêmes qui les meut à leur propre insu.

Bailly et Franklin, en compagnie d'un troisième savant, Lavoisier, se retrouvèrent en effet, durant les années qui précédèrent la Révolution, dans une même commission d'enquête scientifique dont le futur maire de Paris fut le rapporteur, en 1784. Son objet était le « magnétisme animal » promu par un médecin débarqué de Vienne, Franz-Anton Mesmer. Sa théorie, qui fit alors fureur dans les salons, affirmait l'existence d'un fluide universel, le magnétiseur, qui, en provoquant des crises convulsives, aurait un effet curatif. Sous l'apparent charlatanisme, l'intuition était féconde : le « mesmérisme » est aujourd'hui tenu pour le premier ancêtre de la psychothérapie. Or c'est à Spa, l'une des villes des cinq bans du Franchimont et station thermale belge déjà réputée, que Mesmer, ayant quitté Paris, écrivit son *Précis historique des faits relatifs au magnétisme animal*...

De même, à la fin du premier numéro de son *Journal de la liberté de la presse*, Babeuf évoque-t-il Cromwell, ce républicain qui finira despote mais qu'avait porté au pouvoir la révolution égalitaire anglaise dont le poète John Milton fut le pamphlétaire. Milton qu'aimait citer l'homme qui fut le publiciste universel des Droits de l'homme pendant la Révolution française, l'admirable Thomas Paine, dont la droiture intraitable incarnait une radicalité paisible, ne transigeant jamais sur les principes. Au révolutionnaire américain Franklin disant : « Où la liberté existe, là est mon pays », le triplement révolutionnaire Paine rétorquait : « Où la liberté n'existe pas, là est le mien. »

Décrété citoyen français en 1792, au même titre que Bentham et Cloots, puis élu député à la Convention, Paine, pour n'avoir pas eu « moins de trois patries, selon les mots de Michelet, n'en eut qu'une : la justice ». Propulsé par le souffle de la révolution parlementaire anglaise, il épousa le combat indépendantiste américain avant de rejoindre la cause révolutionnaire française. De ces trois montées à l'assaut du ciel, il fut en temps réel le théoricien et le propagandiste, affermissant une pensée politique qui n'a pas vieilli d'un droit séparé du pouvoir.

Autonomie de la société, liberté des individus, défiance du gouvernement, nécessité de contre-pouvoirs : libertaire avant la lettre, Paine imagine une démocratie du droit naturel, se renouvelant sans cesse tel un corps vivant, par des revendications et des contestations, des innovations et des créations, des solidarités et des partages. « Le gouvernement, avait-il écrit dès son premier grand pamphlet, *Le Sens commun*, est, comme le vêtement, la marque de notre innocence perdue. »

Réponse au premier réquisitoire réactionnaire contre la Révolution française, celui de son compatriote Edmund Burke, paru en 1790, son essai *Les Droits de l'homme* ne s'en tenait pas qu'aux libertés politiques. Il imaginait déjà ce que pourrait être un État protecteur des droits sociaux, avec des mesures précises et détaillées qui évoquent irrésistiblement ce que furent le New Deal rooseveltien ou l'État-providence européen : un impôt progressif sur toute fortune héritée ; une réduction des dépenses militaires ; un minimum vital pour tout individu tombé dans la pauvreté ; tout un système d'allocations – familiale, de mariage, postnatale, funéraire, etc. – garantissant l'entraide collective ; des grands travaux d'intérêt public en faveur des désœuvrés ; la reconnaissance aux ouvriers de pouvoir négocier librement leurs salaires ; etc.

Outre un dommageable chauvinisme politique, la méconnaissance de ces fulgurances anticipatrices par la gauche française a sans doute contribué à y entretenir une dissociation des questions sociales et des enjeux démocratiques, comme si les unes pouvaient avancer sans les autres. Retrouver la radicalité originelle de ce libéralisme politique, c'est recoller des morceaux dont la dissociation a trop souvent laissé place à une culture politique avant-gardiste, tout à la fois autoritaire, verticale et étatiste.

Pour sa part, Thomas Paine, ce démocrate intransigeant qui, tout en approuvant qu'il soit jugé et condamné, ne vota pas la mort de Louis XVI et intervint en faveur d'un sursis à son exécution, tenait d'une main ferme tous les bouts, l'intensité démocratique et l'exigence sociale. Écoutons-le : « Quand un pays de l'univers, quel qu'il soit, pourra dire : mes pauvres sont heureux ; ni l'ignorance ni la détresse ne règne parmi eux ; mes geôles sont dépourvues de prisonniers et la vieillesse n'est pas dans le besoin ; quand il pourra dire ces choses-là, alors ce pays pourra s'enorgueillir de sa constitution et de son gouvernement. »

Paine survit à la Terreur et ne quitta la France qu'en 1802, après avoir résisté aux approches de Bonaparte, qui aurait aimé bénéficier de son aura. Il est ainsi des modérations fermement radicales qui se révèlent autrement constantes que des radicalités habillées de surenchères. Quand Paine éconduisit le futur empereur Napoléon Ier, la révocation de l'État de droit par un État de police avait déjà pris le visage d'un ancien « terroriste », remarqué pour son zèle sans pitié aux heures les plus sombres de la Révolution, Joseph Fouché, qui, lui, avait voté la mort du roi.

Convoquer cette triste figure avant de prendre définitivement congé de Bailly, c'est rappeler que, surtout en temps instables et incertains, l'origine politique ne protège de rien et qu'un pedigree militant n'y garantit jamais le respect des engagements passés. Avec Fouché, indétrônable ministre de la Police sous le Directoire, le Consulat et l'Empire, l'œil du peuple avait été remplacé par « l'œil vigilant de la police », formule qu'il affectionnait dans ses correspondances ministérielles. Incarnation emblématique de la politique moderne, rabattue sur la machinerie étatique et corrompue par l'avidité économique, il eut l'honnêteté d'en déchirer les masques.

Revendiquant dans ses Mémoires son choix du « gouvernement d'un seul », contre le « gouvernement de plusieurs », dont l'héritage nous encombre encore aujourd'hui, il y assume le cynisme des ambitieux et des forts : « Les patriotes n'avaient marché jusqu'alors que sur des ronces, il était temps que l'arbre de la liberté portât des fruits plus doux pour qui devait les cueillir et les savourer, il était temps que les hauts emplois devinssent le dévolu des hommes forts. Ne dissimulons rien ici… nous étions les maîtres de l'État et de toutes les branches du pouvoir. Il ne s'agissait plus que d'une prise de possession entière dans l'échelle des capacités. Quand on a le pouvoir, toute l'habileté consiste à maintenir le régime conservateur. Toute autre théorie à l'issue d'une révolution n'est que niaiserie ou hypocrisie imprudente. »

Cette éternité politicienne n'a ni âge ni parti. Ses prétendants seront toujours innombrables, épousant ses raccourcis prometteurs d'autant plus qu'ils sont fous d'eux-mêmes et indifférents aux autres. De plus, ils n'auront jamais de peine à enrôler une troupe dans leur sillage, mélange de demi-soldes de la politique, d'aventuriers sans cause ni boussole, de bricoleurs en manque de reconnaissance, d'intellectuels sans principe et d'ambitieux sans morale. Ma propre génération, qui entra dans l'âge adulte en pensant changer le cours de l'histoire, le sait d'expérience vécue tant nous avons pu y constater l'attraction du pouvoir, avec ses effets délétères et corrupteurs, affaissant les individus et égarant les idéaux.

Contre ces imposteurs et ces accapareurs, la radicalité démocratique est la seule échappée belle. La seule position qui tienne. Le seul combat qui vaille. Et le journalisme, qu'il le veuille ou non, y est embarqué, devant choisir son camp. Se reniera-t-il en devenant journalisme de gouvernement, relais des puissants et des importants ? Ou bien se sauvera-t-il en

Dessin de David, de 1791, en vue d'un tableau inachevé sur le serment du Jeu de paume. © RMN-Grand Palais (Château de Versailles) / Gérard Blot.

servant son seul maître, le public et son droit de savoir ? Cette tension, elle aussi, n'a pas d'âge. Certains historiens ont même cru en voir l'illustration première, au sens propre, sous le crayon du peintre David, dans son *Dessin inachevé pour le serment du Jeu de paume* qui date de 1791.

On y distingue aisément, assis au premier rang de l'assemblée, légèrement à gauche sur le croquis, le député Barère faisant office de journaliste, en train de rédiger son *Point du jour* dont le sous-titre dit l'ambition limitée : *Résultat de ce qui s'est passé la veille à l'Assemblée nationale.* Mais, plus difficilement repérable, un autre journaliste est à l'ouvrage, mêlé au public, dans les galeries qui surplombent l'assemblée. Ce ne serait autre que Marat qui, dans le haut du coin droit de la composition, se tient debout contre un mur, en train, lui aussi, de rédiger son journal, tournant le dos à la salle.

Sans s'embarrasser d'exactitude historique – le 20 juin 1789, Marat n'avait pas encore sorti son *Publiciste parisien* devenu par la suite *L'Ami du peuple* –, David aurait ainsi voulu mettre en scène la polarité journalistique au sein de l'espace public révolutionnaire naissant. D'un côté, une presse de compte rendu, officielle ou officieuse, dont la légitimité vient du nouveau pouvoir au sein duquel elle est plongée ; de l'autre, une presse de surveillance, libre et indépendante, croquée dans une position aérienne, comme suspendue au-dessus de l'assemblée, mêlée à la foule et placée au plus près des fenêtres, donc à l'extérieur du pouvoir.

Au milieu du dessin et de l'assemblée, se dresse, la main droite levée, Jean-Sylvain Bailly, tenant un papier où figure le serment dont il donne lecture. Visages et bras de la majorité des députés sont tendus dans sa direction, dans un moment d'émotion solennelle et de liesse joyeuse. C'est son heure de gloire, son moment historique, sa consécration politique. Mais cela n'en fera pas pour autant l'un de ces forts et de ces ambitieux que les révolutions, elles aussi, font émerger. Jusqu'au bout, Bailly restera ce timide et ce réservé qu'ont décrit ses contemporains, ni tacticien ni démagogue, pas manœuvrier pour un sou, le contraire même d'une grande gueule.

Le jour du serment du Jeu de paume, il lui restait quatre années, quatre mois et vingt-trois jours à vivre. Le 12 novembre 1793, à l'issue de deux jours de procès devant le Tribunal révolutionnaire, il fut condamné à la peine de mort pour avoir fait tirer sur le peuple, le 17 juillet 1791. Invité à s'exprimer après le jugement, il répondit : « J'ai toujours fait exécuter la loi, je saurai m'y soumettre puisque vous en êtes l'organe. » Retiré de la vie publique depuis novembre 1791, il n'avait pas essayé de se dérober, refusant de se cacher ou d'émigrer. Résidant en province, à Nantes, ville qu'il avait dû quitter en juin 1793 à l'approche des Vendéens car, pour les tenants de l'Ancien Régime il restait une figure honnie, il avait choisi de revenir en région parisienne où il alla benoîtement s'enregistrer à la mairie de Melun, ce qui entraîna son arrestation, début septembre.

« Il fallait bien obéir à l'Assemblée nationale », fut sa défense, répétée en boucle : « Il est vrai que, dans la journée du 17 juillet, le sang du peuple a coulé, mais, s'il a coulé, ce n'est que d'après les ordres de l'Assemblée constituante. » Mais il fut mis dans l'embarras par la preuve apportée que les organisateurs du rassemblement du Champ-de-Mars en avaient fait la déclaration à l'avance, au parquet de la Commune de Paris. Aussi le président du tribunal objecta-t-il à son excuse par le devoir d'obéissance : « Vous auriez dû, au contraire, vous transporter auprès de l'Assemblée constituante, pour lui rendre compte que c'étaient des citoyens paisibles qui y étaient, et qu'ils avaient obéi à la loi en faisant une déclaration formelle à la municipalité. »

Dès lors, la cause était entendue, Bailly ayant pour seul et pauvre argument de rappeler le souvenir de ce qu'il avait fait « dans les journées des 17 et 20 juin 1789 », celles qui se conclurent par le serment du Jeu de paume. La réponse du président le ramena au cœur du sujet : « C'était une raison de plus pour ne pas discontinuer à servir la cause du peuple. Vous qu'il avait élu son premier magistrat, vous ne deviez pas ignorer que toutes les fois qu'il se rassemble, c'est pour délibérer sur ses intérêts les plus chers. »

Cet enjeu politique amena le tribunal à choisir, pour l'exécution, une mise en scène inédite, qui rendit douloureuses les dernières heures de Bailly. Il fut décidé qu'elle aurait lieu entre le Champ-de-Mars et la Seine, à l'endroit même où la Garde nationale avait tiré sur le peuple, où serait déplacée et montée la guillotine. Il fut ajouté que le drapeau rouge dont le symbole, signal de l'application de la loi martiale, n'avait pas encore été retourné en étendard des luttes sociales, « serait attaché derrière la voiture et traîné jusqu'au lieu de l'exécution », où il serait brûlé par le bourreau avant que s'abaisse le couperet.

Il tombait une pluie d'automne, fine et glacée. L'attente fut inhabituellement longue, la guillotine avait été déplacée d'un endroit à l'autre, la foule énervée s'impatientait et s'excitait. Trempé, Bailly, qui n'avait plus qu'une chemise déchirée sur le corps, frissonnait. C'est alors qu'une voix d'homme lui lança : « Tu trembles, Bailly ? » Taquine, la postérité lui aura joué des tours jusqu'au bout car c'est sa réponse qui est restée célèbre, et non pas sa proclamation : « Mon ami, c'est que j'ai froid. »

L'arbre de la liberté

« L'ordre présent est le désordre du futur »… Alors que j'achevais mon enquête, j'ai croisé cette pensée de Saint-Just, le plus poète des révolutionnaires de 1789. Composant le motif d'une œuvre monumentale du sculpteur écossais Ian Hamilton Finlay, elle s'étend en pierres gravées dans le jardin de la Fondation Cartier à Paris. J'étais venu y visiter une exposition intitulée « Nous les Arbres », associant les regards, sentiments et réflexions d'artistes et de scientifiques sur les plus anciens membres de la communauté des vivants. Ce fut l'ultime « hasard objectif » de cette pérégrination qui n'en a pas manqué. Car son propos était en vérité politique, montrant combien le monde végétal peut nous apprendre à éviter la catastrophe vers laquelle court une humanité trop sûre d'elle-même, de son pouvoir, de sa force et de sa puissance.

Capacités sensorielles, aptitudes à communiquer, développement d'une mémoire, symbiose avec d'autres espèces, influences sur le climat, interactions avec l'environnement, précautions jusqu'à une énigmatique timidité, etc. : le parcours déclinait l'hypothèse d'une intelligence des plantes dont les enseignements nous seraient profitables afin de relever les pressants défis où se joue non seulement le sort de notre espèce, mais celui du vivant. Et, dans l'immédiat, l'avenir de nos civilisations, menacées de sombrer dans les barbaries d'un sauve-qui-peut général, où des continents, des nations, des cultures, des peuples, des classes, des individus, se croyant supérieurs à d'autres, sont prêts à tous les désordres, violences et misères, pour préserver l'ordre de leurs dominations et de leurs avantages.

L'exposition parisienne s'appuyait notamment sur les recherches du botaniste italien Stefano Mancuso, pionnier de la neurobiologie végétale. Autrement dit de l'essentiel si l'on prend conscience que les animaux – humains compris – ne représentent que 0,3 % de la vie sur la Terre, bien moins que les autres catégories que sont, justement, les végétaux, les champignons et les êtres monocellulaires. Or les travaux de ce chercheur, dans la lignée des intuitions du naturaliste Charles Darwin, soulignent combien le modèle de fonctionnement et de développement des sociétés humaines est immensément fragile et précaire, comparé aux modèles autrement performants utilisés par l'écrasante majorité des êtres vivants.

Verticalité, centralisation, hiérarchie, unicité et compétition en sont les mots-clés quand les plantes survivent et croissent par l'horizontalité, la décentralisation, la solidarité, le collectif et la coopération. Il suffit de priver un homme de sa tête pour le tuer, mais aussi de lui ôter n'importe quel autre organe vital pour mettre en péril l'ensemble de son organisme. De même, il suffit de priver de sa tête, de son cœur ou de son centre un empire, un royaume, un État, en somme un pouvoir construit à l'image de l'homme, pour qu'ils s'effondrent. Une pièce maîtresse manque, et toute l'organisation s'écroule.

À l'inverse, on peut couper des branches ou des racines d'un arbre sans que ces amputations l'empêchent de vivre, de repousser et de proliférer. Tout comme d'une simple bouture, prélevée sur un végétal, peut naître un nouveau spécimen. Les plantes sont coopératives et décentralisées : elles réussissent à se défendre, à se répliquer et à se prolonger grâce à un modèle éclaté où tous les membres participent à la décision. Dont, en somme, toutes les parties sont elles-mêmes le tout, de même que le tout y est indissociable de toutes les parties.

Non sans ironie, cette démonstration de l'intrinsèque fragilité d'ordres humains construits sur la puissance, la force et la domination rencontrait leur critique par une pensée politique qu'ils tiennent comme un ferment de désordre : l'anarchisme. Volontiers cité par Mancuso, l'un de ses théoriciens, le Russe Pierre Kropotkine, fut en effet un biologiste qui avait fait de l'« entraide » le secret de l'évolution, à l'opposé des rivalités et des concurrences. Le mot rejoint aussi bien la « symbiose » du lexique scientifique, ce processus par lequel deux êtres vivants s'unissent pour tirer profit l'un de l'autre, que la « relation » du vocabulaire philosophique, dont le poète de la créolisation du monde, Édouard Glissant, fit son mantra.

Or il se trouve que Kropotkine fut présent à Verviers, en septembre 1877, au neuvième et dernier congrès de la Ire Internationale ouvrière, coïncidence qui prolonge l'enchantement de cette investigation. Mais il y a mieux encore, qui en croise la route principale : pour illustrer la dimension politique de l'intelligence des plantes, Stefano Mancuso se réfère à une anticipation fructueuse dénichée dans l'œuvre de Condorcet. En 1785, le mathématicien qu'il fut avant de devenir révolutionnaire énonça le « théorème du jury », démonstration sur les probabilités pour un groupe donné d'adopter la bonne décision. En résumé, plus grand est le nombre de personnes qui y sont associées, plus grande est la probabilité que la décision prise soit correcte et juste.

La théorie de Condorcet allait au-delà de l'idée banale qu'on est plus intelligent à plusieurs. Elle donnait un fondement scientifique à l'idéal démocratique de la délibération et au rejet du pouvoir d'un seul. Ainsi Mancuso n'hésite-t-il pas à passer de l'intelligence des plantes à celle de la démocratie dans une quête, écrit-il, de « principes généraux d'organisation qui rendent les groupes plus intelligents que le plus intelligent de leurs membres ». Ce que nous apprennent les plantes, c'est que l'union, la coopération, la solidarité et la pluralité sont des forces plus puissantes que tout autre principe d'évolution. Ne pouvant survivre seules, elles ont besoin de tout le vivant qui les entoure. À leur école, on comprend que ce n'est pas la sélection d'un meilleur hypothétique qui fonde la vie mais, tout au contraire, la création d'une communauté partageant, protégeant et promouvant le commun en même temps que le divers qui le tisse.

Le droit naturel rousseauiste qui fut au principe de la revendication d'égalité est indissociable d'une politique de la nature, où l'homme se ressource et se dépasse en acceptant d'apprendre d'elle, et non plus de la supplanter. Dès lors, comment s'étonner que, dès le début de la Révolution française, le symbole des temps nouveaux ait été un arbre – le plus souvent peuplier ou chêne ? Cet « arbre de la liberté » en fut l'emblème en même temps que l'œil de la publicité. Solidarité du vivant et vigilance du peuple, comme les deux faces d'une même médaille. Inspirée des poteaux de la liberté de la guerre d'indépendance états-unienne, leur plantation se répandit rapidement dans les communes au point que l'abbé Grégoire leur consacra, en 1794, un *Essai historique et patriotique sur les arbres de la liberté.* Nul hasard, cette fois encore : pourfendeur de l'esclavage, ami des Noirs et des juifs, théologien de la libération avant l'heure, ce prêtre révolutionnaire anticipait une compréhension de la démocratie comme souci, respect et protection des minorités, plutôt que leur effacement, relégation et stigmatisation sous le règne de majorités uniformes et univoques.

Arrivé à son terme, ce voyage nous conduit ainsi aux rivages d'un nouvel imaginaire politique par le détour des réminiscences qui l'ont balisé. L'horizon de nos espérances d'émancipation, de liberté et d'égalité a été trop longtemps borné par leur confiscation, au profit d'intérêts et de pouvoirs, de dominations et d'institutions, d'États et d'oligarchies, de possédants et de dirigeants, d'élites et d'organisations, ayant en partage de se croire seuls propriétaires du bien et du vrai. Or ces illusions qui nous ont conduits dans l'impasse où, désormais, se joue la survie de notre espèce règnent encore : supériorité, puissance, accumulation, concurrence, croissance, concentration, consommation, etc., tous ces mots continuent de nous gouverner alors qu'ils n'ont cessé d'accompagner la marche à la catastrophe, des conquêtes coloniales d'hier aux oppressions impériales d'aujourd'hui dont les avidités et rapines ont entraîné d'irréversibles saccages, destructions et épuisements du vivant qui nous entoure et nous précède, nous nourrit et nous protège.

Cette pérégrination jusqu'aux sources d'une promesse inaccomplie, fragile et menacée, nous fait prendre conscience que nous n'en sommes encore qu'à la préhistoire des âges démocratiques. Nos arbres de la liberté en sont restés au stade d'arbustes ou d'arbrisseaux, et il est bien temps de leur donner une nouvelle vigueur. C'est ce sursaut qu'appellent, depuis une décennie, les mobilisations récurrentes, tout autour de la Terre, des peuples qui se soulèvent en s'emparant des opportunités de la révolution de l'information, des connaissances qu'elle rend accessibles, des nouvelles qu'elle partage sans frontières, des relations qu'elle tisse à l'infini, des interactions qu'elle facilite à distance, des proximités inédites qu'elle installe, des solidarités qu'elle permet de construire.

« La publicité est la sauvegarde du peuple » : au-delà de la seule question de la liberté de la presse, cette phrase qui nous a servi de guide introduit à une conception de la démocratie comme un écosystème complexe dont la vitalité dépend, non seulement de sa pluralité et de sa diversité, mais surtout de son élaboration permanente et de son invention constante par la libre action de toutes les composantes du seul souverain légitime, le peuple. Quand elle fut énoncée en 1789, en même temps que le droit de pétition et le droit de réunion, le suffrage universel n'existait aucunement, et il restera longtemps réservé à une minorité d'hommes que distinguait leur statut social privilégié, avant d'être longtemps réservé aux seuls hommes en âge de voter, excluant les femmes de la vie politique. Preuve ultime, s'il en était besoin, que ces droits-là sont plus importants, plus protecteurs, plus essentiels que le droit de vote. Sans leur fière affirmation hier, ce dernier n'aurait pas été conquis ni étendu. Et sans leur libre exercice aujourd'hui, les libertés que nous avons si chèrement acquises ne pourront plus être défendues.

La jeunesse qui emprunte de nouveaux chemins d'engagement et de politisation autour des défis climatiques l'a compris, n'entendant pas laisser un monde adulte, dont les choix politiques et économiques nous ont entraînés au bord du gouffre, décider à sa place. Dans sa joyeuse radicalité, alors même que la catastrophe menace, sa rébellion affirme qu'il n'y aura pas de politique vraiment écologique sans l'avènement d'une nouvelle écologie de la politique, qui s'efforce de lier indissolublement impératif climatique, épanouissement démocratique et exigence sociale.

Car il ne suffit pas d'affirmer la légitimité des questions environnementales pour garantir qu'elles ne soient pas dénaturées et confisquées comme le fut l'idéal démocratique lui-même, dévitalisé par sa réduction à la représentation (les élus) et aux institutions (les gouvernants). Nul ne peut exclure la possibilité de l'avènement d'un « écofascisme », comme n'hésite pas à le nommer Naomi Klein, qui prenne argument de l'urgence climatique pour promouvoir des idéologies xénophobes, racistes et anti-migrants, afin de légitimer, à l'échelle planétaire, la sécession des intérêts, sociaux ou nationaux, qui rechignent à la redistribution des richesses et au partage des ressources qu'appelle une réponse efficace aux dérèglements de la nature.

Dans cette course de vitesse, où le pire menace et, déjà, survient ici et là, nous n'avons collectivement qu'une protection, celle que nous procurent ces quatre droits fondamentaux dont ce livre a revisité les proclamations inaugurales : droit de se réunir librement, droit de s'exprimer sans censure, droit de pétitionner et donc de manifester, droit de savoir enfin et surtout. Par leurs révélations et leurs alarmes, journalistes d'enquête et lanceurs d'alerte font vivre cette dernière sauvegarde, en mettant à nu des pouvoirs qui mentent, trompent, trichent, rusent, fraudent, abusent, bernent, dupent, mystifient – l'énumération, qui n'est pas exhaustive, dit l'ampleur de la tâche.

Fantassins d'une sourde bataille entre les peuples en devenir et les pouvoirs en place, n'ayant d'autres armes que la force pacifique de leurs informations d'intérêt général, soucieux de rendre au public ce qui lui appartient, ils sont aujourd'hui vus par les intérêts qu'ils démasquent comme leurs ennemis prioritaires. Ils le sont d'autant plus que la révolution numérique, dont ces mêmes pouvoirs voudraient retourner la technologie contre leurs sociétés, a donné de nouvelles armes à ces militants d'un droit vital, qu'ils soient professionnels du journalisme ou activistes de l'information, celui de savoir tout ce qui nous concerne et nous implique : confirmant la vision anticipatrice offerte par la trilogie *Millenium* du suédois Stieg Larsson, qui met en scène la relation complice d'une hackeuse révoltée et d'un journaliste indépendant, nous pouvons désormais découvrir la face cachée des prétendues respectabilités et des apparentes notabilités.

Les privilégiés, dominants et possédants, ne le supportent pas. Et c'est pourquoi ils sont déterminés à criminaliser le journalisme. La persécution dont est victime Julian Assange, le fondateur de WikiLeaks, réseau dont l'intitulé associe la collaboration participative (Wiki) et les fuites de données (Leaks), en est évidemment emblématique. Nul doute qu'un jour prochain il sera considéré comme un héros universel, ayant donné une nouvelle jeunesse, pour toute l'humanité, à la proclamation de Bailly. Son nom sera forcément associé à ceux de Chelsea Manning, d'Edward Snowden, de Glenn Grennwald, de Rui Pinto et de quelques autres qui, dans son sillage, ont œuvré pour que nous ayons accès à des vérités décisives, qui nous permettent de démasquer les imposteurs et de sanctionner les prévaricateurs. Les uns et les autres, en révélant des crimes de guerre, des surveillances de masse, des fraudes fiscales et des corruptions économiques, n'ont fait que servir l'intérêt public. Notre bien commun.

« L'histoire contemporaine est pleine d'exemples où les diseurs de vérités de fait ont passé pour plus dangereux, et même plus hostiles, que les opposants réels » : un demi-siècle après avoir été énoncée, cette lucidité de la philosophe Hannah Arendt reste d'une pertinence aiguë. Partout, des pouvoirs autoritaires, et non pas seulement des dictatures, c'est-à-dire des pouvoirs agissant sous le masque démocratique accordé par l'élection, frappent, répriment et persécutent le journalisme indocile, libre et indépendant. Ils voudraient arracher ces plantes vivaces, parfois sauvages, dont l'expression tenace est une respiration essentielle. Heureusement, ils n'y arrivent pas, pas encore, pas toujours. Mais un événement, ces dernières années, a montré combien ils pouvaient s'accommoder de la haine du journalisme.

Aucune des trois vieilles démocraties rencontrées durant ce voyage, ni l'anglaise, ni l'américaine, ni la française, toutes trois membres permanents du Conseil de sécurité de l'ONU, n'a suspendu ses relations diplomatiques avec l'Arabie saoudite dont le prince héritier a fait assassiner, au consulat d'Istanbul du royaume, le journaliste Jamal Khashoggi. Ce crime d'État a été commis le 2 octobre 2018, par une équipe de tueurs officiels dépêchés depuis Riyad, parmi lesquels un médecin légiste, dans un scénario volontairement barbare où notre confrère a été torturé, puis démembré vivant, avant que son corps soit dissous et dispersé.

Malgré la démonstration, notamment par la rapporteuse des Nations unies sur les exécutions extrajudiciaires, de la responsabilité directe de la monarchie, rien n'a changé. Le prince héritier Mohammed ben Salmane est resté fréquentable, les ventes d'armes à l'Arabie saoudite se sont poursuivies, son pétrole a continué à être acheté, ses surenchères guerrières face à l'Iran ont été soutenues. L'assassinat de Khashoggi fut un supplice digne des anciens régimes monarchiques contre lesquels, hier, nos révolutions se sont soulevées. Qu'aujourd'hui il soit passé à pertes et profits d'une prétendue géopolitique par les diplomaties occidentales témoigne de la régression en cours, où des démocraties autoritaires ne cachent pas leur fascination pour des royaumes despotiques.

Ayant lui-même cheminé sous l'effet des révolutions qui, depuis la Tunisie en 2011, ont ébranlé le Maghreb, le Proche et le Moyen-Orient, Jamal Khashoggi avait consacré sa dernière chronique pour le *Washington Post* à la question de la liberté de la presse. Plaidant pour que « les citoyens lambda du monde arabe [puissent] s'attaquer aux problèmes structurels auxquels leurs sociétés sont confrontées », il y expliquait que la condition préalable de cette réappropriation des enjeux publics était la publicité de l'information et sa circulation sans entraves. Une presse vraiment libre, sans censure ni autorisation, délivrée de la mainmise étatique, traversant les frontières nationales grâce à Internet. La seule sauvegarde du peuple.

En même temps que je salue la mémoire de ce martyr du droit de savoir, je dédie ce livre à toutes celles et tous ceux qui, de par le monde, continuent de mener ce combat au risque de leur liberté et de leur vie.

Bibliographie

Tout travail sur la Révolution française appelle une bibliothèque infinie. Aussi ai-je choisi de m'en tenir ici aux seuls livres ou articles en rapport direct avec l'objet de cette recherche ou en complicité intellectuelle avec sa démarche. Pour feuilleter la presse révolutionnaire, j'ai utilisé les sites Gallica (gallica.bnf.fr) et Retronews (retronews.fr) de la Bibliothèque nationale de France (BNF). Pour les résonances avec l'actualité qui parsèment le livre, je recommande la consultation du journal en ligne Mediapart.

Sur la vie et l'œuvre de Jean-Sylvain Bailly

Jean-Sylvain Bailly, *Mémoires d'un témoin de la révolution*, édité par MM. Berville et Barrière, Baudoin Frères, Paris, 1821-1822.

François Arago, *Biographie de Jean-Sylvain Bailly*, lue à l'Académie des sciences le 26 février 1844, Didot frères, Paris, 1852.

Fernand-Laurent, *Jean-Sylvain Bailly, premier maire de Paris*, Boivin et Cie, Paris, 1927.

Edwin Burrows Smith, *Jean-Sylvain Bailly, Astronomer, Mystic, Revolutionary*, Philadelphie, The American Philosophical Society, 1954.

Actes du Tribunal révolutionnaire, recueillis et commentés par Gérard Walter, Mercure de France, Paris, 1986.

Sur la presse, le journalisme et la Révolution

Jean-Paul Bertrand, *La Presse et le pouvoir, de Louis XIII à Napoléon Ier*, Perrin, Paris, 2000.

Jean-Noël Jeanneney, *Une histoire des médias, des origines à nous jours*, Le Seuil, Paris, 1996.

Jacques Godechot, *La Presse française sous la Révolution et l'Empire, in Histoire générale de la presse française*, t. I, Presses universitaires de France, Paris, 1969.

Claude Labrosse et Pierre Rétat, *Naissance du journal révolutionnaire*, Presses universitaires de Lyon, Lyon, 1989.

Raymond Manevy, *La Révolution et la liberté de la presse*, Éditions Estienne, Paris, 1964.

Alain Manevy, *Les Journalistes de la liberté et la naissance de l'opinion, 1789-1793*, Grasset, Paris, 1989.
Cyril Lemieux, *La Révolution française et l'excellence journalistique au sens civique*, *in* « L'activité journalistique », *Politix*, n° 19, Presses de la Fondation nationale des sciences politiques, Paris, 1992.
Jeremy Popkin, *La Presse de la Révolution, Journaux et journalistes (1789-1799)*, Odile Jacob, Paris, 2011.
Les Principes de 1789 et la liberté de la presse. Extraits des cahiers de doléances, Alphonse Lemerre, Paris, 1867.
La Révolution du Journal 1788-1794, textes présentés par Pierre Rétat, Éditions du CNRS, Paris, 1989.
La Révolution s'affiche, Fayard/Assemblée nationale, Paris, 2019.

Sur la radicalité démocratique de la Révolution

Sylvie Aprile, *La Révolution inachevée 1815-1870*, Belin, Paris, 2010.
Sylvie Aprile, Jean-Claude Caron et Emmanuel Fureix (dir.), *La Liberté guidant les peuples. Les révolutions de 1830 en Europe*, Champ Vallon, Seyssel, 2013.
Gracchus Babeuf, *Journal de la liberté de la presse, an II-an III*, EDHIS Éditions d'histoire sociale, Paris, 1966.

Yannick Bosc, *Le Peuple souverain et la démocratie. Politique de Robespierre*, Éditions critiques, Paris, 2019.

Jean-Luc Chappey, Bernard Gainot, Guillaume Mazeau, Frédéric Régent et Pierre Serna, *Pourquoi faire la Révolution*, Agone, Marseille, 2012.

Florence Gauthier, *Triomphe et mort du droit naturel en Révolution. 1789-1795-1802,* Presses universitaires de France, Paris, 1992.

Samuel Hayat, *1848. Quand la République était révolutionnaire*, Le Seuil, Paris, 2014.

Olivier Le Cour Grandmaison, *Les Citoyennetés en révolution (1789-1794)*, Presses universitaires de France, Paris, 1992.

Robespierre, *Pour le bonheur et pour la liberté. Discours*, choix et présentation par Yannick Bosc, Florence Gauthier et Sophie Wahnich, La Fabrique, Paris, 2000.

Pierre Rosanvallon, *La Démocratie inachevée. Histoire de la souveraineté du peuple en France*, Gallimard, Paris, 2000.

Pierre Serna, *La République des girouettes. 1789-1815 et au-delà. Une anomalie politique française, la France de l'extrême centre*, Champ Vallon, Seyssel, 2005.

Timothy Tackett, *Par la volonté du peuple, Comment les députés de 1789 sont devenus révolutionnaires,* Albin Michel, Paris, 1997.

Sophie Wahnich, *La Longue patience du peuple. 1792, naissance de la République*, Payot, Paris, 2008.

Sophie Wahnich, *L'Intelligence politique de la Révolution française*, Textuel, Paris, 2013.

Les Déclarations des droits de l'homme de 1789, textes réunis et présentés par Christine Fauré, Payot, Paris, 1988.

Sur Verviers, le Franchimont et le Congrès de Polleur

Paul Bertholet, « Publicité Sauvegarde du peuple », *in Terre de Franchimont*, n° 52, Theux, 2020.

Alex Doms, *Les Déclarations des droits de l'homme et du citoyen au Congrès de Polleur, in Bulletin de la Société verviétoise d'archéologie et d'histoire*, n° 73, G. Lelotte, Dison, 2005.

Freddy Joris, Jean-François Potelle, *Verviers. 250 ans de résistance, 1759-2009*, Éditions du Cerisier, Mons, 2009.

Freddy Joris (sous la direction de), *Le XIXe siècle verviétois*, CTLM, Verviers, 2002.

Joseph Meunier, « Un acteur de la révolution liégoise, l'avocat Laurent-François Dethier, 1757-1843 », *in Bulletin de la Société verviétoise d'archéologie et d'histoire*, n° 44 et 46, Gérard et Cie, Verviers, 1957-1959.

Journal des séances du Congrès du Marquisat de Franchimont, tenu au village de Polleur ; Commencé le 26 août 1789, Chez Jean-Jacques Tutot, Liège, 1789.

Les 25 séances du Congrès de Polleur (26 août 1789-23 janvier 1791), G. Pirard, Theux, 1964.

Sur les résonances entre révolutions anglaise, française et américaine

Anacharsis Cloots, *Écrits révolutionnaires, 1790-1794*, Champ Libre, Paris, 1979.

Howard Fast, *Citizen Tom Paine*, Duell, Sloan and Pearce, New York, 1943. Publié en français sous le titre *Tom Paine, le solitaire des révolutions* (traduction par Renaud de Jouvenel), Éditions Hier et Aujourd'hui, Paris, 1948.

Christopher Hill, *Le Monde à l'envers. Les idées radicales au cours de la révolution anglaise*, traduction par Simone Chambon et Rachel Ertel, Payot, Paris, 1977.

Malou Julin, *Thomas Paine. Un intellectuel d'une Révolution à l'autre (1737-1809)*, Complexe, Bruxelles, 2004.

John Milton, *Écrits politiques 1642-1660*, traduction, introductions et notes par Renée et André Guillaume, L'Âge d'Homme, Lausanne, 2007.

John Milton, *Pour la liberté d'imprimer sans autorisation ni censure*, présentation par Frédéric Herrmann, traduction par Guillaume Villeneuve, Flammarion, Paris, 2009.

George Orwell, *Essais, articles, lettres (1943-1945)*, vol. III, traduction par Anne Krief et Jaime Semprun, Ivrea, Paris, 1998.

Thomas Paine, *Les Droits de l'homme* (1791-1792), présenté par Claude Mouchard, Belin, Paris, 1987.

Thomas Paine, citoyen du monde, textes réunis par Georges Kantin et la Ligue des droits de l'homme, Créaphis, Paris, 1990.

Christophe Tournu, *Milton, Mirabeau : rencontre révolutionnaire*, suivi des éditions par Mirabeau de *Sur la liberté de la presse* (1789) et *Défense du peuple anglais* (1792), EDIMAF, Paris, 2002.

Bertrand Vincent, *Thomas Paine ou la religion de la liberté*, Aubier, Paris, 1987.

Sur la politique entendue comme une écologie

Grégoire, *Essai historique et patriotique sur les arbres de la liberté*, Desenne, Bleuet, Firmin Didot, Paris, 1794.

Naomi Klein, *Plan B pour la planète : le new deal vert*, Actes Sud, Arles, 2019.

Pierre Kropotkine, *L'Entraide, un facteur de l'évolution* (Londres, 1902), Éditions du Sextant, Paris, 2010.

Stefano Mancuso et Alessandra Viola, *L'Intelligence des plantes*, traduction par Renaud Temperini, Albin Michel, Paris, 2018.
Stefano Mancuso, *La Révolution des plantes. Comment les plantes ont déjà inventé notre avenir*, traduction par Renaud Temperini, Albin Michel, Paris, 2019.
Nous les Arbres, Fondation Cartier pour l'art contemporain, Paris, 2019.

Remerciements

Ce livre a bénéficié de deux chaînes de solidarité, l'une française, l'autre belge. Historiens de métier ou non, des citoyennes et des citoyens se sont généreusement intéressés à mes curiosités et m'ont aidé à les assouvir.

En France, en lançant un appel général à ses collègues historiens, Ludivine Bantigny a réussi à trouver, grâce aux indications de Clyde Plumauzille, la proclamation de Jean-Sylvain Bailly, à la séance du 13 août 1789 du Comité des subsistances de la Commune de Paris, qui attendait sagement à la BNF qu'on lui redonne quelque lustre.

En Belgique, Malik Ben Achour a mobilisé tous les fins connaisseurs de l'histoire politique et sociale du Verviétois, notamment Freddy Joris et Jean-François Potelle, ainsi que Pierre Bertholet. Grâce à ces bonnes volontés du

Franchimont, j'ai découvert le Congrès de Polleur, sa Déclaration des droits de l'homme et son auteur, Laurent-François Dethier, l'homme dont la radicalité démocratique a préservé le souvenir de mots injustement oubliés en France.

Évidemment, je n'aurais pas eu l'idée de ce livre sans l'aiguillon de Mediapart et de toute son équipe qui, depuis 2008, fait vivre quotidiennement l'exigence dont j'ai voulu retracer l'histoire. Et il n'aurait pas vu le jour sans les encouragements et la patience de mon éditrice, Stéphanie Chevrier, des éditions Don Quichotte hier aux éditions La Découverte aujourd'hui.

Table

Composition Facompo, Lisieux.
Achevé d'imprimer sur les presses de
Normandie Roto Impression s.a.s. à Lonrai
en février 2020.
Dépôt légal : mars 2020
N° de dossier : 2000394
Imprimé en France